沂蒙抗战

临沂市社会科学界联合会 编著

山东友谊出版社

图书在版编目（CIP）数据

口述沂蒙抗战 / 临沂市社会科学界联合会编著 .
济南 : 山东友谊出版社 ,2016.11（ 2024.11 重印 ）
ISBN 978-7-5516-1160-2

Ⅰ . ①口… Ⅱ . ①临… Ⅲ . ①抗日战争 – 史料 – 临沂
Ⅳ . ① K265.06

中国版本图书馆 CIP 数据核字 (2016) 第 284322 号

口述沂蒙抗战
KOUSHU YIMENG KANG ZHAN

责任编辑：王亚太
装帧设计：刘洪强

主管单位：**山东出版传媒股份有限公司**
出版发行：**山东友谊出版社**
地　　址：济南市英雄山路 189 号　邮政编码：250002
电　　话：出版管理部（0531）82098756
　　　　　　发行综合部（0531）82705187
网　　址：www.sdyouyi.com.cn
印　　刷：**济南乾丰云印刷科技有限公司**

开　　本：787mm × 1092mm　1/16
印　　张：12.5　**字数**：200千字
版　　次：2016年11月第1版　2018年1月第2版
印　　次：2024年11月第4次印刷
定　　价：28.00元

沂蒙精神与延安精神、井冈山精神、西柏坡精神一样，是党和国家的宝贵精神财富，要不断结合新的时代条件发扬光大。

山东是革命老区，有着光荣传统，军民水乳交融、生死与共铸就的沂蒙精神，对我们今天抓党的建设仍然具有十分重要的启示作用。

——习近平

目　录

不惧生死保家园

——抗日模范村篇

俺东流打响沂蒙百姓抗战第一枪 …… 2

咱没给渊子崖丢脸 …… 7

鬼子轰了西山前村 108 炮 …… 11

鬼子被轰跑再没敢来下湖村 …… 14

咱徐圩子人没有怕死的 …… 17

战场杀敌震敌胆

——抗战战士篇

大青山浴血突围 …… 22

不辞而别去打鬼子 …… 27

死也要把鬼子赶出蒙阴城 …… 31

宁叫敌人杀头绝不开口泄密 …… 34

打鬼子不怕豁上命 …… 38

狭路相逢全歼日军尖刀班 …… 42

扛起枪打胜仗　放下枪种好庄稼 …… 45

5 枪放倒 4 个鬼子 …… 48
父亲护送刘少奇 …… 51
我 11 岁参加了八路军 …… 55
锄掉汉奸蒋春之 …… 61
奔赴延安接受红色洗礼 …… 65
让我爆破从不怵头 …… 69
我一辈子践行入党誓言 …… 72
用大刀突袭砍死仨鬼子 …… 77
第一次打仗就立了功 …… 80
我经历的解放临沂城战斗 …… 84
钢八连保卫了俺朱村 …… 87
希望后人别忘了这段历史 …… 91
那一仗 17 个战友倒下 …… 94
感激部队收留了我 …… 97
抗战中的两段战斗生活 …… 100
战场成好友　别后巧相逢 …… 103
阻击战活捉仨鬼子 …… 106

武装民兵千千万

——抗日民兵篇

我在民兵队的一次战斗 …… 112
我和老伴是革命夫妻 …… 114

打死也不交出锦旗 …… 117
汤池旁安炸弹炸死“铁头” …… 120
赤着脚去当民兵 …… 123
俺多次跟死神“打照面” …… 125

特殊斗争战敌顽

——“特殊战场”篇

在监狱里坐老虎凳 …… 129
抗战时俺家是情报站 …… 132
我父亲的代号是“309” …… 134
父亲为抗战捐出整个家业 …… 138
我是八路小情报员 …… 141
我们的歌声就是武器 …… 144
我在后方医院当护士 …… 147

军民鱼水情无间

——军民关系篇

当兵先学“三大纪律八项注意” …… 151
打鬼子主要是走群众路线 …… 155
做到“三个不能走” …… 158
根据地比自己家还亲 …… 160

为打鬼子忙支前

——抗战红嫂篇

跑遍几十个村发动支前…………………………………………………… 164
鬼子三次追捕吓不倒我…………………………………………………… 167
嫁给打鬼子的战士俺自豪………………………………………………… 171
三天赶做一双军鞋………………………………………………………… 174
搓麻绳搓到腿出血………………………………………………………… 177
用花轿送青年参军………………………………………………………… 181
为赶走鬼子再苦再累也值………………………………………………… 184

后记………………………………………………………………………… 186

中華民國二十九年八月十六日

集中山东人民意志坚持团结抗战

省参議会隆重成立

战时工作委員会亦告成立

【大众社】为了集中山东各抗战党派、各群众团体、及士绅贤达的力量，团结一致，实施民主政府，克服目前时局危机，坚持山东抗战。联合大会开幕时，全体代表代表三千八百万人民意志，一致决议成立山东省临时参议会，并于七月三十一日举行山东省临时参议会议员选举大会。全体四大初选代表，工农青妇文及动委会全体代表一律出席，并到有各党派暨各地军政团体代表，各报馆记者四百余人。首由代表联合大会主席团推主席李澄之先生报告称：「各省成立参议会，早经国民政府明令颁布，惟本省迄今尚未成立。现经联合大会一致议决成立临时省参议会，发扬全民意志，团结全民力量，借以巩固山东抗日阵地，坚持山东抗战。」

各地区当选参議員名单

各团体当选参議員名单

民主政治的光

省参議会

* 当年的报纸

* 山东省联合大会成立的临时参议会

*115 师司令部旧址

*日军侵占临沂

*日军焚烧村庄

*民兵打碉堡

*临沂阻击战

* 为群众挑水

* 群众为新战士戴光荣花

* 儿童团

* 识字班

*攻打临沂城

*盘踞郯城县城的日军向八路军投降

*八路军入城

不惧生死保家园

——抗日模范村篇

俺东流打响沂蒙百姓抗战第一枪

口述 / 孙德贵　孙家诚　窦玉啟　窦洪建

~人物小传~

1939 年 1 月 30 日，日寇自临沂西犯，东流村村民吴恩庆率众奋勇阻击。现年 88 岁的孙德贵和 85 岁的孙家诚作为费县东流村村民，亲身经历了东流村保卫战。如今年逾八旬的窦玉啟、窦洪建虽不是东流村村民，但保卫战发生时恰巧在东流村，参与并见证了村民们英勇抗击日寇的事迹。事后有数据显示，东流村保卫战共击毙日军 78 人，七十多名村民被杀。虽然那场保卫战已过去了 76 年，但历史不会被遗忘。东流村村委将当年村民抗击日寇用的土枪、大刀、长矛保留了下来，他们希望通过这些实物展示，教育年轻人铭记那段历史。

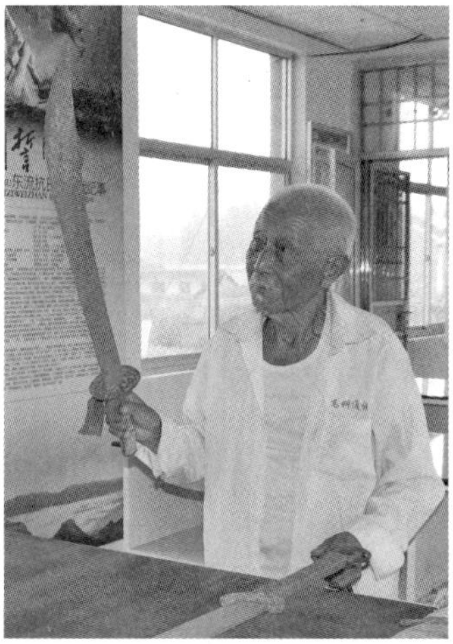

* 孙德贵老人展示当年抗战用的大刀

俺这个东流村在临沂城西，离临沂城 70 里路，村北是刘家崮，崮下有一眼老龙潭。早年间，东流村由前、后两个村组成，我们都叫前寨、后寨。前寨、后寨都垒了又高又厚的土围墙，围墙上安装了四扇大门，里面建了炮楼和岗台，紧贴着围墙还有更道。后寨紧挨着前寨，后寨的土围墙比前寨还结实牢固。

当年从临沂到滕县（今滕州市）的临滕大道穿过前寨，从东门进，西门出。

那时候，社会动荡，村里人就用土枪、大刀、长矛这些武器看家护院，一般的小股土匪是不敢打我们村的主意的。

积极备战

听说鬼子占领临沂城后杀了很多人、烧了很多房子，村里人都很气愤。去滕县的大路只有通俺村的这一条，估摸着哪天鬼子就会来，我们就商量早拿对策。吴恩庆当时只有24岁，却已是村里的领头人物，就由他牵头，村里人都听他的，最后定下来的意见就是坚决守好村子，决不让鬼子通过。

一伙人商议后，举行了一个誓师会，地点就在吴广德的大院里，前后寨的村民都参加了。吴恩庆还作了讲话，大意是鬼子就在百里内的临沂城，为了保家卫国，他决定卖掉自己家的地，拿出家里的钱，购买枪支弹药。守好村子是全村的事儿，老少爷们都要有钱出钱、有力出力。这样各家各户就凑了一些钱，又买枪又加固围墙，还请铁匠制作手榴弹，制造土枪土炮，打造大刀。村里的大刀会推举吴

★东流战斗

1939年1月30日，驻临沂日军分三路向中共鲁南特委驻地进犯，企图“扫荡”特委机关和抗日根据地。其北路约二百人，沿临滕大道西行将途经东流村。驻守临沂的日本鬼子为了早日打通临沂到滕县的通道，调集了近二百名日军，从临沂城出发，一路无阻地西行。在走到南坡东凤凰岭上的时候，鬼子分成了两路。一路三十多人的马队向西南进发顺黄家馆河而上，一路一百五十多名日军继续西进到了东流村，东流战斗打响。战斗一直持续到傍晚，日军依赖兵力武器的绝对优势，最后占领了东流村，将东流村所有的房子烧光，残杀了全村老小73口。因为这场战斗，村里竟然光绝户的就有17户之多。但是敌人也付出了极大的代价，78人被击毙。

对于整个百姓抗战来说，这次热血也没有白流，2年后莒南渊子崖、临沭西山前村民抗战和6年后郯城徐圩子村民的抗战，不能说和这次百姓抗战没有关系，东流村民抗战是沂蒙山区老百姓打响自卫抗战的第一枪！1946年，为纪念抗战胜利一周年，原中共温河县委宣传部长朱奇民代表县委、县政府，召集了青年民兵前来东流村，为东流村抗日阵亡村民召开追悼大会，会上朱奇民充分肯定了吴恩庆和东流村民的抗日功绩。

恩庆当总会首。村里村外都设上机关，每天安排村民站岗打更。那些年，这一带流传出“金东流、银崮口、铁打的山西头”的顺口溜。

前寨率先抵抗

这天（1939 年 1 月 30 日）早晨，大刀会的人正准备训练。8 点左右，先来了一个汉奸喊话，说皇军要经过这里，皇军的枪炮很厉害，最好放弃抵抗。肯定是这伙鬼子汉奸知道村里有武装，没敢直接进攻，先让人来劝诱。你想咱听他的吗。

* 窦玉敞（左）与窦洪建介绍当年村民打鬼子使用的长枪

9 点左右，临沂城的鬼子就来了，鬼子一来就开始进攻。鬼子武器比咱的先进，为减少伤亡，吴恩庆就带着大伙先撤到前寨，把前寨、后寨大门全部关上，吴恩庆、吴廷良、吴恩堂等 26 人就聚起来起誓，表示坚决不让鬼子过东流村。土枪土炮也都准备好了，随时准备开打。

俺村东门外有座很窄的小桥，鬼子经过桥时挤在了一起，吴恩庆一看正是开炮的好时机，就指挥放炮。“轰隆”一声，这一炮下去，一下子把过桥的鬼子打乱了套。那时候土炮里装的都是火药、铁砂、铁耙齿这些东西，好多鬼子被炸伤了脸和前胸，嗷嗷乱叫，还有的鬼子被当场炸死。咱们的枪也一齐开火，有个打枪很准的人，对着一个鬼子军官放了一枪，当场就把他撂倒了。

这一打，鬼子才意识到了我们村的厉害，赶紧散开，架起机枪和钢炮朝我们又打又轰，在枪炮的掩护下，鬼子慢慢地打到了东门。围墙被炸出个豁口，炮楼也被炸塌了。把守东门的村民就拿着大刀跟鬼子拼上了，最后全部牺牲。

到上午11点多点，前寨被鬼子攻下来。

激烈巷战

鬼子攻下前寨，紧接着就攻后寨。俺村的吴广信爬到一棵大树上，从上面往下朝鬼子打枪，被鬼子给打下来，牺牲了。鬼子用小钢炮炸了炮楼，守炮楼的吴广臣受了伤，幸好被村里其他人救了下来。

* 东流战斗遗址碑

后寨修得比前寨坚固，鬼子打了好几个小时也没攻下来。咱也消耗得厉害，围子墙被炸得不像样了，弹药也快跟不上了。后来，鬼子见从南面攻不下来，就将兵力分到东门和北门，还把钢炮架到村后山上，对着咱这边猛轰。你想这样还撑事吗，几炮下去土墙被炸出大豁口，鬼子顺着豁口就往里冲。俺村孙义石拿大刀守着豁口，第一个进来的鬼子被他一刀砍死了，一群鬼子向他扑去；吴清东守在村西北角的炮楼上，鬼子就朝里扔手榴弹，把他炸伤了；吴相本的三间房子被炮弹打着火，呼呼啦啦就烧起来；吴恩庆的奶奶去送弹药，正好碰上鬼子，马上被杀害了……鬼子进了后寨见人就杀，咱就和他打开了巷战，吴恩庆带着大刀会的人和鬼子杀到了一块，全村人能打的都抄起大刀、铁锨、镰刀跟鬼子拼命。最后，实在守不住了，一些村民从后寨西门跑出去，不少人在往外突围时牺牲了。

下午4点半左右枪声才停。前寨后寨的围墙倒了一片一片，大门被炸开，炮楼被炸塌，房屋也被烧了，到处都是尸首，到处是一摊摊的血。

这次战斗，俺东流村牺牲了六七十口子人，有17户被鬼子杀绝户了。后来有个小曲《五更天》，唱的就是东流村遭到鬼子屠杀的悲惨景象。但咱也打死78个鬼子。听研究历史的专家说，东流村这次战斗，是咱沂蒙老百姓打响自卫抗战的第一枪！

★【五更天】

《五更天》是东流村抗战后，流行在当地的一首小曲，内容为：

五呀么五更里呀，东方明了天，
小日本在东流犯下罪滔天，
三天三夜也说不完。
村里死伤七十多，烧俺房子九十三，
血债何时还……

*村民阻击日军旧址

咱没给渊子崖丢脸

口述 / 林祥松

~人物小传~

* 林祥松（左）讲述渊子崖保卫战

林祥松，临沂市莒南县渊子崖村村民，今年67岁。当年，他的爷爷林庆忠和父亲林守玉都亲历了渊子崖保卫战。多年来，他认真搜集当年全村老少齐上阵打鬼子、保家园的故事，成为村里渊子崖保卫战历史的主要讲述者。林祥松说，他虽然不是那场保卫战的亲历者，但他是亲历者的子孙，有责任做一个历史的传述者，让父辈打日寇抗日的骨气，通过他的转述感染更多的人。

我叫林祥松，当年爷爷和我父亲都参加了渊子崖保卫战。渊子崖当时有1400口人，在周边来说是个大村。鬼子进攻时，村里的男女老少全部动员起来，那时候我们没啥武器，可是也没怵他，你杀我，我也杀你。那天我们村牺牲了140人，鬼子、汉奸也死了110人。

汉奸要钱粮被打退后引来鬼子

当年，村长林凡义和我爷爷林庆忠带领全村人对抗鬼子、汉奸的事，我小时候常听村里的老人讲。

我们渊子崖村靠着沭河，抗战时期是个大村庄。那时候社会动荡，土匪马子多，村民们就开始挖土垒护村墙，围墙地基用石头垒，土墙用榔头反复夯实，把整个渊子崖都围起来。围墙上还修了炮楼、炮眼，土匪轻易不敢来犯。

八路军来到俺村后，整天宣传抗日救国，我们村也建起游击小组、妇救会、农救会、自卫队。平时都做了打鬼子的准备，大刀、生铁牛、五子炮什么的都征集了起来，统一配发。

那年（1941年），（沭）河西小梁家据点的汉奸一个排，上我们村要钱粮，列出了清单，粮要多少，钱要多少，鸡鱼肉蛋要多少。村民都吃不饱呢，哪有这些东西给你。对着汉奸就是一土炮，把汉奸给击退了。这伙汉奸恼了，就勾来了日军。十一月初二（1941年12月19日），汉奸领着大批鬼子，向着东南方向就来了。在这个情势下，俺村里的村民就是不屈服，都很团结，都说咱今天要把它硬杠下来（硬碰硬），给他们看看，不管他谁来绝对不屈服。

★渊子崖保卫战 <<<

1941年12月20日，在山东省莒南县渊子崖村，在年仅19岁的林凡义村长带领下，英勇的村民用土枪、土炮、大刀、长矛、铁叉和铡刀，与一千多名装备精良的日军展开了整整一天的殊死搏斗，以牺牲147人的代价，歼敌121人。这是抗日战争史上，中国农民自发组织的一次激烈悲壮的浴血保卫战。渊子崖民众英勇抗敌，保卫家园的事迹，在莒南党史和山东革命斗争史上谱写了辉煌的一页。渊子崖村被当时的滨海专署授予“抗日模范村”称号。1944年，沭水县政府在该村北小岭上用紫红色的巨石，建成了一座六角七级的纪念塔，塔的正面简述了渊子崖村自卫战的经过，塔的背面雕刻着烈士的英名，塔的两侧是滨海军区领导陈士榘等人和县参议会的题词。参议会的题词是：“云山苍苍，沭水泱泱；烈士之风，山高水长！”

新中国成立后，为了纪念在渊子崖战斗中牺牲的烈士，缅怀他们的功绩，华东革命烈士陵园纪念堂里陈列着这次战斗的浮雕；山东博物馆里展出了这次战斗用过的大刀、长矛；中国人民革命军事博物馆里设置专门版面，介绍渊子崖战斗的经过。1995年该保卫战被拍成电视片在中央电视台播放。

鬼子架起火炮轰炸

大批鬼子、汉奸朝我们村杀来，二三里地外就看到了。来了以后呢，我们大门已封闭了。村长林凡义急忙喊人上架子守墙，二三十岁的青壮年打头阵。鬼子汉奸先从我们村西北角围上来，等靠近了，墙上的土炮对着鬼子就是一炮，打了他个人仰马翻。叫这个土炮一轰，鬼子汉奸就后退了，他们就用钢炮打我们村的围墙。日本鬼子的钢炮很厉害，打过来“当当”的。第一发炮弹落在林氏家庙上，第二发、第三发炮弹打到围墙上。几个村民们耐不住性子，想看看外面鬼子的情况，结果一露出头就被鬼子打着了，牺牲了。到下午四点，围墙被轰开个窟窿。

敌人把围墙打开个窟窿后就往里钻。那个洞不大，有墙隔着，他鬼子的枪打不着咱，咱就拿着铡刀削他。那时候大铡刀很厉害，人员都在这个洞的两边隐蔽着，他钻过来一个咱削倒他一个。

打到日头偏西，敌人的援兵到了，鬼子拉来了山炮，他把炮调准，一个劲地往这打，围墙一堵堵地被轰塌了，咱就堵不住了，光在大门阻击日军的群众就牺牲了十几个人。

消灭了八十多个敌人，147 名村民牺牲

围墙守不住了，敌人就涌进了村里，进村后就用机枪扫射，见人就杀。这个节骨眼上，村民拿镢头的拿镢头，拿镐头的拿镐头，就和敌人拼上了。有的躲在巷子转弯的地方，看着鬼子露头就夯过去。有的拿着菜刀躲在墙后边，见到鬼子就剁。

我听我父亲讲，林端五被鬼子打死后，他爹林九宣照着鬼子就是一枪（长矛），捅死了这个鬼子，一个鬼子又对着他刺了一刀，他临死前还说：“拼到底，死了也不当孬种”。我一个近门老奶奶正烧水送给打仗的人喝，一听她家俺那个老爷爷被杀了，把挑子一放，回家摸了把菜刀对着鬼子连砍带杀，她又叫日本鬼子给刺死了，像这样全家牺牲的不在少数。村西小巷几十个老人拿着刀棍，

和鬼子对打，全被鬼子穿了刺刀，扔进大粪池，又泼上汽油烧了。林九星被从死人堆里救出来后，说的最后一句话是“咱没给渊子崖丢脸”。这个仗打得太惨烈了。

* 渊子崖烈士纪念塔

村里打着，冯区长（板泉区区长冯干三）忙去东南三义口村通知八路军来打增援。那时候三义口驻着八路军。八路军来了，就从韩家岭往这打枪，牵制鬼子。鬼子汉奸摸不着情况，不知道是不是还有八路军大部队，就害怕了，顺着村庄往外撤。一边撤一边把房屋点着火，全村八百多间房子多半被点着了。鬼子还逮走了一些村民。林崇兴的六叔就叫鬼子逮去了，到了村东大沟，被鬼子踹到水里，用刺刀刺了四刀，鬼子以为他死了，后来幸好又活过来。

那天我们村牺牲了 147 人，八路军区工队伤亡也很大，冯区长就在我们村牺牲了。鬼子汉奸也没赚着便宜，被打死了 121 人。我们村后来被滨海专署授予“抗日模范村”称号，老百姓都感到很光荣，那时候我们也没什么武器，也没怵他（鬼子、汉奸）。

鬼子轰了西山前村 108 炮

口述 / 张夫伍

~人物小传~

张夫伍，今年 92 岁，临沂市临沭县曹庄镇西山前村人，是目前在世的、经历过西山前村抗日自卫战为数不多的老人之一。1941 年 9 月 30 日，在乡长张作洪的带领下，张夫伍等西山前村村民用土枪、土炮、大刀、长矛、铡刀等，与装备精良、有备而来的日伪军展开了激烈战斗，从天不亮一直打到太阳落山。仅八百余人的小村，先后被敌人连续轰击了 108 炮。战后，张夫伍等被敌人掳到临沂，后来家人花钱将他赎回来。

* 西山前浴血抗战幸存者张夫伍

18 岁参加村自卫团

抗战那会儿，咱这个西山前村属于根据地，打鬼子、支前都很积极，村里还成立了自卫团，经常配合八路军打鬼子、抓汉奸、攻碉堡、割电线，是战斗堡垒村。这样一来，鬼子汉奸就记恨上咱了。

1941 年，我 18 岁。这年秋天，鬼子“扫荡”，咱八路军主力撤到外线打仗。临沂城的鬼子和大汉奸、伪临沂保安大队大队长许兰笙，一看没有八路军给咱撑腰了，觉得有空子可钻，就召集了鬼子、汉奸将近一千人，来报复攻打俺村。

鬼子、汉奸是晚上来的，先占了俺庄后的岌山。第二天天还没亮，鬼子就在山上架起钢炮，紧接着就开始朝村里放枪。当时为了防日军、防汉奸，俺庄四周垒砌了围子，庄里四个角上都修了炮楼，炮楼下面还有地洞相通。听到枪声，乡长张作洪麻利地组织自卫团防守，动员老百姓摘下门板，搬来碾盘、沙土，堵上了围墙的几个豁口。当时俺也是自卫团成员，年龄算是最小的一个，打那场仗时，俺就守在北门的炮楼那儿。没想到敌人一炮就打到了炮楼旁边，在我眼前炸了。到现在俺还时常做梦，梦见鬼子放炮。我亲眼看着很多人被炸死，还有很多人在爆炸后扛着枪四处跑，被鬼子的枪打中了。

★西山前抗日自卫战

西山前村位于临沭县西南部，处岌山前，村四周修有围墙。1941年9月29日，日伪军近千人，向抗日根据地“扫荡”。敌人携带小炮数门、重机枪十余挺、轻机枪20余挺，在日军顾问川本指挥下，于当晚占领了岌山，30日拂晓，重兵包围了西山前村。西山前村民在该乡乡长、自卫团团长张作洪带领下，用土枪、土炮、大刀、长矛、铡刀等，英勇抗击敌人。战斗打响后，张作洪奋不顾身，光着脊梁，身背大刀，手握长矛，率先跟进犯之敌拼搏。自卫团战士个个英勇杀敌。战斗从黎明打到中午，日伪军的多次进攻都被打退了。敌人不甘心失败，又疯狂地向村内炮击，仅八百余人的小村子，敌人连续轰击了108炮。敌人攻进村内，村民们前仆后继，与敌人展开血战。张作洪一连打死了3个日军，当他继续向日军瞄准射击时，不幸被敌人打中了头部，壮烈牺牲。张永宗头部负重伤，其妻要给他包扎，他说：“不用包扎，不要叫鬼子上来！”张永奎腿被打断，仍趴在血泊中与敌人继续战斗。敌人攻不下西山前，最后竟灭绝人性地施放毒气。敌人在村里大肆烧杀抢掠，烧毁房屋五百多间，抓走群众百余人，抢劫牲畜、衣物不计其数。战斗中，西山前村民有38人牺牲，打死日伪军五十余人。滨海专署授予西山前“抗日模范村”称号，追认张作洪为抗日民族英雄。

那一仗打到太阳落山

那一仗，全庄男女老少都出动了，围墙被鬼子放炮炸塌了，大家就用门板堵上；土炮台被轰倒了，就再用土培起来；炮楼子被震歪了，就用木棍搭起架子。

鬼子汉奸从天不亮开始打，一直打到下午 3 点多，也没能攻进庄里。鬼子有十多门钢炮，轻、重机枪二十多挺。咱自卫团用的是几十支“土压五”“单打一”，还有十几门土炮，就这样咱也没怕他。一等鬼子汉奸靠近了，咱就放上一炮，土炮里都装着秤砣、耙齿、錾子碴，一打一大片。鬼子没办法，就一直往围子里放炮。

鬼子打了 108 炮，也没攻进来，到了快天黑了，鬼子向庄里发了毒气弹，毒气弹一炸，臭得大家受不了了，鬼子就趁机冲进来。鬼子汉奸从村北头打进来，就开始行凶了，在庄里杀人放火。围子守不住了，咱自卫团就集中全部火力从东南角往外冲，掩护着老百姓转移。

多亏了俺庄东西向长、南北向短，房屋也多是照着这个走向盖的，没有直的大路，才让很多老百姓撤到村外。当时村南门的炮楼西边有条小水沟，村民就从那里爬到了出去。

被抓到了临沂

当时鬼子攻进村后，还有很多人没跑出去，鬼子开枪打死了很多人。不幸中的万幸，我没有被鬼子打死。我和俺弟弟还有俺庄一百多人被抓到了临沂。抓去以后，被分开关押在 3 个地方。一开始好几天不给饭吃，饿得扶着墙根站都站不起来。后来有人放出话来，说只要上交一把枪的钱，就放一个人回家。

为了把我和俺弟弟赎回去，家里前前后后卖了 4 亩地，交了钱又过了两个多月，俺们才从临沂回到庄里。

* 抗日模范村纪念碑

鬼子被轰跑再没敢来下湖村

口述 / 黄兴鲁　黄广继

~ 人物小传 ~

黄兴鲁，今年 86 岁，黄广继今年 82 岁。当时黄兴鲁和黄广继是村里的儿童团员，目睹了下湖村英勇抗击日军侵略的情景，成为那段历史的经历者和见证者，因此也义务担负起讲述那段历史的责任。

鬼子作的恶数不清

在咱这一带，日本鬼子可是犯下了滔天罪行。日寇占领苍山时，俺还是孩子，现在回忆起来，满脑子还是人心惶惶的场面。飞机整天在头顶上飞，炮弹天天打，生怕哪天日本鬼子就闯进家来。

记得当年兰陵镇一个庄户人家里操办丧事，可能是人多点，就引起了鬼子的注意，他们派来飞机朝人群里撂下一批炸弹，好多老百姓当场被炸死，连棺材都被炸飞。

鬼子作的恶还很多。因为语言不通，一个叫“五道人”的老人家，被鬼子误解，两口子被用刺刀捅死，鬼子还用战刀劈死了他的小孩。鬼子“扫荡”时，在小学堂里发现了“打倒日本鬼子”的字，就放火烧了房子，把老师差点打死了。

日本鬼子四处害人，村里不少青壮年都想和鬼子拼了。后来，俺下湖村来了共产党，开始发动老百姓和鬼子对抗。为了不引起注意，就用“防土匪、保村庄”的名义，组织大刀会，以后又建了农救会、妇救会、儿童团。农救会发动老百姓抗捐、抗税、抗摊派，晚上带着人割电线、刨公路，还到鬼子据点外边喊话、发传单、投劝降信。

一来二去，俺这个庄就叫鬼子盯上了。1943 年 11 月，汉奸又来下湖村逼粮要款，被大刀会赶出来。这下惹火了鬼子，准备狠狠报复下湖村，给周边几个庄的联防民兵来个杀一儆百。

★“抗日模范村”下湖村 <<<

七十多年前，日寇肆虐沂蒙大地。地处兰陵县西南的新兴镇下湖村多次打败鬼子、汉奸的猖狂围攻，成为令日伪军闻风丧胆的堡垒村。1944 年秋天，鲁南军区、兰陵县县委、县政府除了授予下湖村“抗日模范村”称号外，还奖励了一支“三八”式步枪、二十排子弹、四枚地雷、两身军装。军区首长评价说，下湖村人了不起，在敌人的心脏里都敢干，全国都像下湖人这样，日本鬼子根本就进不了咱中国。

那时我们两个是儿童团员。每天除了带着一群小孩站岗放哨，还四处帮大人找“子弹”，收集各家各户的铁犁、破锅，砸碎，好放在土炮里炸敌人。一天太阳刚出来，俺儿童团的团员就发现一大群鬼子、汉奸来了，用马拉着大炮，还有四挺机枪。

我们就赶紧给村里报信，村里就麻利地把围墙大门关了。没想到敌人两路包围，一路攻西围墙，当鬼子、汉奸他们快接近围墙时，咱轰隆一声朝鬼子放了一炮，铁锅片、铁沙子下雨似的打下来。当时放炮的是个女的，是俺二奶奶，她真是女中豪杰。紧接着俺二奶奶又放了一炮，鬼子一下子被打没影了。

另一路鬼子来到村东头，向庄内打了几发炮弹。咱这边“单打一”“土压五”“老套筒”也马上朝鬼子、汉奸打。咱这边人多，最后四百多人拿着家伙朝前冲，65 岁以下的村民齐上阵，没有一个怂包。结果鬼子、汉奸连滚带爬地逃窜了。

摆下石雷阵

鬼子、汉奸吃了亏，肯定还要来报复。咱得提前做准备。怎么准备呢？老百姓就想到了地雷战，在村周边摆下了“石雷阵”。

石头都是从山上刨来的青石，长宽各半米，在石头上打孔，再装上炸药，威力很大。做好后，老百姓就用抬筐抬着石雷埋在村外，石雷有真的有假的，咱庄里人清楚，外人不知道。老百姓都按做的记号走，避开真雷，不会有什么危险。鬼子、汉奸就摸不清情况，听说下湖村到处都埋了地雷，就不敢轻易来了。下湖村一安稳，艾曲、丘后、小仲村这些庄的老百姓就都到俺庄里来躲难。日本鬼子再也没来过。

* 石雷

咱徐圩子人没有怕死的

口述／刘文早　徐京俄　徐敏芳　徐祗春

～人物小传～

刘文早、徐京俄、徐敏芳，现今均年逾八旬，临沂市郯城县港上镇徐圩子村村民，经历过“徐圩子阻击战”，见证了当时全村人配合郯城县大队、郯三区中队共同阻击鬼子的战斗。66岁的村民徐祗春虽然没有经历那场战斗，但是经常听村里老人讲述那段历史，也是那段历史的熟悉者。徐圩子村的这场阻击战，打击了鬼子的嚣张气焰，破坏了鬼子增援宋庄的计划。事后，中共郯城县委、县政府在滩头村东门外的核桃园专门为阻击战中牺牲的八路军、自卫队员、村民召开了追悼会。2009年，村西修建了一处抗日战争纪念园。每年的清明节，全村人都会自发来到这里祭拜牺牲的英雄们。

*81岁的徐敏芳述说当年在地窖险死还生的经历

俺们这个徐圩子庄，属于江苏、山东交界地，自古以来是交通要道。俺村的传统是造火药，家家都会制火枪药、做鞭炮。抗战以前，为了防马子（土匪），成立了“小刀会”“大刀会”“长枪队”，还在庄周围建了大围墙，在庄的东、西、南、北四个门洞上建了炮楼，炮楼上配了“五环炮”“天门炮”。

抗战时期，俺庄积极响应共产党的号召，组织成立了民兵自卫队，配合县大队、区中队打鬼子，在郯城县俺庄是出了名的战斗堡垒村。

村外水沟旁阻击鬼子前进

1945 年 3 月 21 日，上级接到情报，说郯城马头的鬼子和汉奸二百多人要到宋庄去增援，要走徐圩子。当时俺庄驻有县大队和港上区中队的人。这天的早晨他们还在地里帮着干活，及时把庄外的老百姓都叫回了庄里。

* 当年村民用这种做鞭炮用的切纸刀抗击日寇

为支援宋庄打仗，县大队和区中队准备在俺庄东给来增援的鬼子搞个突然袭击。二连连长王银宝、指导员徐旺东作了战前动员，军民都摩拳擦掌，准备和鬼子打一仗。按照部队的安排，庄里的民兵在县大队和区中队的后面打增援，守好村庄。

上午 9 点以后，部队就在村外水沟旁与鬼子接上了火。咱这边地形有利，打退了鬼子好几次的进攻。可鬼子有迫击炮，有轻、重机枪，还有骑兵。打了两个多小时，快中午了，从郯城据点还有别的地方的鬼子又有二百多人赶到了。咱人就显得人少了，只好顺着水沟转移到庄里。

坚守围墙炮轰鬼子

俺庄当时有一百多名民兵自卫队员，大家立马上阵，和部队战士一块守围墙。

在东南方向围墙上，看着鬼子离围墙距离差不多了，进入咱射击范围了，圩墙上快枪、土炮、土枪一阵猛打。当时全村有“五环炮”“天门炮”二十多门。庄里还安排妇救会的人，从家家户户搜集铁锅、鏊子，刚开始搜集那些坏了的，后来连好的也都拿来，用锤头砸成碎片，让儿童团的小孩往围墙上送，一炮篓子能装八九十斤，打得范围很宽，打得鬼子晕头转向。

就在刘永章准备点炮捻子时，被敌人一枪打中了头，牺牲了。跟他一块的刘占林、刘占坤赶紧跑过来点捻子，这兄弟俩抱起烫手的炮筒，对准敌人调好方向，一炮下去炸死好几个鬼子。鬼子就用机枪扫射，俩兄弟也牺牲了。

庄东北方向的炮楼，是自卫队员徐学敏带领仨儿子守着。鬼子在火力掩护下利用人梯爬上了围墙，徐学敏和他仨儿子抡起大刀就砍，把敌人砍下去。二儿子徐祇伟被打死了，他母亲看到后，拿起铁锨就冲过来和鬼子打，也牺牲了。后来就有鬼子翻上围墙，村里人都红了眼，拿起大刀、长矛、铁锨、抓钩蜂拥上来，和鬼子在围墙上血战。

民兵自卫队员和县大队、区中队的战士一起打鬼子，村长刘文彬、自卫队长杜茂林就在村里督战，杜茂林在督战时中了子弹，他咬着牙不下火线。三区

*2009 年，村民自发筹资建起徐圩子村抗日战争纪念碑，让子孙后代牢记历史，缅怀先烈

区长任兆铎带领附近村的自卫队员来支援，被子弹打在胸口上牺牲了。

消灭 80 多敌人　147 名村民牺牲

战斗打得很激烈，大家眼瞅着不能突围，刘文彬和杜茂林在村里开始帮着老幼病残人员隐蔽。

天快黑的时候，鬼子用迫击炮炸开了东门。刘青云爷仨守东门，东门被打开的时候，他爷仨躲在门后，等鬼子冲上来，爷仨也一下子冲出来，拿大刀就砍。鬼子的十几支枪同时对准他们爷仨，当时就把他们身上打得稀烂，鬼子踩着这爷仨的尸体攻进了徐圩子。

鬼子进来后是见人就杀啊，老百姓被一片一片地打死。那时候农村有柴火垛，都被鬼子点着了，咱民房都是用麦草盖的，也全都着了火。大火烧起来，到处都是烟，最后墙都烧红了。

当时一发炮弹在指导员徐旺东的身边爆炸，他肚子、胳膊伤了好几处。这么危险的时候他还安排部队的战士说："同志们一定要顶住，等村里老百姓转移之后咱们再撤。"俺庄上的民兵很感动，都下了拼死的决心。有十几个民兵，站齐后光着膀子，拿着大刀说："姓徐的爷们，到了该死的时候，咱们不要怕死，亲人们都死了，害怕什么，拼啊，杀啊。"徐圩子的人没一个是孬种，都不撤，跟鬼子拼命，那真是举着大刀不顾命地朝鬼子砍啊。

徐祇伦、徐祇典兄弟俩在跟鬼子打斗中受伤，鬼子将兄弟俩捆到大树上，用刺刀挑开了胸膛，肠子流了一地，就这样，这兄弟俩还一个劲地骂鬼子。在圩子后面有个小山窑，有一人多深。鬼子搜索时发现里面藏着五个小丫头，先一枪刺死一个，又扔下一颗手榴弹，这样五个人死了仨，两个伤残。

最后俺庄除了一些人藏在墙夹层里、柴草堆里、地窖里活下来，连当兵的一共死了 71 个、伤了 20 多人，光庄上民兵就死了几十个。鬼子也被打死了 40 多个。死的人像麦个子一样躺了一地，什么样的都有，到处是破墙断瓦。那个惨象，年纪大的人到现在都忘不了啊。

战场杀敌震敌胆

——抗战战士篇

大青山浴血突围

口述/刘　钢

~人物小传~

* 刘钢

刘钢，临沂军分区政治部原副主任，1923 年生，1939 年参加工作，同年加入中国共产党。1939 年 11 月入伍，历任抗大学员、侦察员、指导员、守备区干部部长等职。1955 年荣获三级独立勋章、三级解放勋章，1988 年荣获独立功勋荣誉章。1978 年离休。离休以来，老人一直处处严格自律，对学习始终抓得很紧。他仍然按照部队时间作息。每周坚持到军分区机关过组织生活，学习上级有关文件精神。家里订阅了好几份报纸，除了看报以外，还通过电脑、iPad 浏览时事新闻，关注社会动态。正如老人所说，吃苦耐劳、勇于奉献的革命传统不能丢，我党善于学习的传统不能丢。

我今年 92 岁了，年轻那会儿参加过甲子山、大青山、烟台、青岛等战役或战斗，也算是九死一生。每每想起当年战火连天的岁月，就非常珍惜现在的生活。社会在发展，多么希望自己再年轻一次，为咱们这个国家的建设再出一份力。

我成为抗大学员

1923年，我出生在现属莒南县的金岭村。我们家世代都是庄户人家，到我这一辈，家里虽然穷，仍节衣缩食把我送到附近的后良店村良店完小上学。这所小学有30多名学生，在这里我遇到了启蒙老师王忠锋。王老师虽然是地主家庭出身，却是一位进步青年，是积极的抗日分子。

日寇占领临沂城以前，王忠锋就读于山东省立临沂简易乡村师范学校。日寇侵占临沂城以后，王忠锋报国无门，就回到老家后良店村，赋闲在家。他思救国之道，捐出了自己家的花园，开办乡村完小。

1938年，日寇经常到我家乡一带“扫荡”，地方土匪、恶霸更是横行乡里，百姓的日子苦不堪言。这个时期，这一带已经有党的组织开展地下活动，王忠锋决定组建地方武装，在党组织的领导下，他动员一些地主富户捐出看家护院的枪炮，一共收到20多杆土枪，

★抗大一分校 <<<

即中国人民抗日军事政治大学第一分校，于1938年12月1日创办，属八路军总部建制，对外称八路军随营分校。朱德总司令亲自宣布周纯全为抗大一分校校长，李培南任校部政委兼政治部主任。抗大一分校是抗大14处分校中开办最早、历时最长、规模最大、培养干部最多、参加战斗最多，也是唯一设有支校的分校，先后设立了鲁南、胶东等3处支校。

抗大一分校校部设行政、队列、供给、卫生等科，另设被服厂、制药厂等机构。政治部设组织、宣传、民运、锄奸等科，组建了文艺工作团和民运工作团。训练部设军事教育、政治教育等科。学员共编4个大队（团级建制），另有高干队、女生队等。每个大队有六七个中队，七八百人不等。在反“扫荡”及战斗期间，临时增设团、营建制，以便于指挥作战。

抗大一分校来山东前在晋东南的太行山办学一年。1939年，中央军委和八路军总部决定，抗大一分校东迁至山东抗日根据地办学。同年11月，校部奉命率领两千余人的队伍，以“八路军挺进纵队”为代号，从太行山区驻地出发，经冀南、鲁西、泰西等地，一路东进。1940年1月5日，校部历时43天，行程1500公里，转移到山东抗日根据地沂南中心区的孙祖东、西高庄一带。

1940年春，学校招收第二期共计2670名学员。此后的6年，校部扎根沂蒙山区办学，经常流动于沂南、蒙阴、临沭、莒南、费县（大部分时间驻守费县）等广大乡村，为山东培养了1.4万名党政军干部。直到抗日战争胜利，1945年10月，全体教职员工挺进东北，于吉林通化归属抗大总校建制，完成了其历史使命。

一群血气方刚的学生和地方积极抗日的有为青年扛起枪，参加到抗日斗争中，也有效地震慑了地方土匪恶霸势力。

不久，组织上考虑到我思想觉悟高，革命意识强，经王忠锋推荐，我加入了中国共产党。1939 年 11 月，我经八路军驻地方办事处推荐，一路跋涉来到蒙山山后抗大一分校驻地，成为我家乡的第一批抗大学员。

在抗大一分校学习期间，学员们天不亮就爬起来，唱着军歌穿衣服、打背包、扎绑腿。冬天找向阳的墙脚上课，夏天到树林里上课，条件艰苦，没有墨水就用桑葚汁代替。通常上午上政治课、下午上军事课，晚上是自习课或者开民主生活会，大家一个个斗志高昂，处处洋溢着蓬勃向上的革命乐观主义精神。

终于冲出了包围圈

1941 年 11 月，日寇调动 5 万多兵力向沂蒙根据地发动“铁壁合围大扫荡”。敌人得知我后方机关转移到大青山地区后，以一个混成旅团的兵力合围大青山，大青山战斗打响。我方当时大部是非战斗人员，只有抗大一分校第五大队有一个武装的学员队。我当时是抗大一分校侦察班的副班长。到现在我依然清晰地记得，在大青山西北角距离李行沟不足三百米的地方，抗大一分校校长周纯全手一挥，大喊“快！顶住他们……”我们侦察班的同志和一些机关人员，大约二十几个人提着短枪、手榴弹，还有几支马枪，一起喊着口号冲上去。手榴弹、长短枪同时开火，把这伙敌人压了下去。

* 九十多岁的刘钢熟练地通过 iPad 了解时事新闻

当敌人靠近时，我们就扔上几个手榴弹。一阵爆炸一片烟雾，鬼子不得不

* 刘钢（后排右一）与家人合影

卧倒，战友们趁这个机会继续向后撤。当来到主要突破口李行沟时，南面由石岚来犯的鬼子已经占领了梧桐沟及上方的山头，有一挺轻机枪在那里居高临下，向李行沟突围的人群疯狂地扫射。北边从胡家庄、大古台方向上来的敌人占领了李行沟北边的小山头，也有一挺重机枪卡在那里，形成南北两挺机枪夹击的局面，把李行沟的西口卡死了。

四周包围的日伪军仍然在不断压缩包围过来，我看到沿途不断有战友牺牲，非常悲愤，为了节省弹药，我就一边撤一边将牺牲战友身上的手榴弹取下带走，准备狠狠地打鬼子，为战友们报仇。

敌人用迫击炮顺着李行沟由上而下再由下而上，反复向突围的人群狂轰滥炸。周纯全校长和校部机关的六七千名突围干部突击到沟南堰下边，被南山上

★大青山突围

1941 年 11 月，侵华日军调集其第十军团主力和第二十二师团 3 个混成旅团以及伪军 53000 人，由日军侵华总司令畑俊六坐镇临沂督战，日军山东管区司令土桥中将指挥，对我沂蒙抗日根据地发动了“铁壁合围”式的大“扫荡”。1941 年 11 月 29 日，抗大一分校移驻费东县大青山西侧的胡家庄、大古台一带（今属费县薛庄镇）。当日，115 师、山东纵队发起绿云山战斗，为免受损失，中共中央山东分局、山东省战工会、八路军 115 师、山东纵队等后方机关也相继转移到大青山地区。敌人得知这一情报后，连夜调集重兵，以一个混成旅团的兵力合围大青山。此时陷于敌人包围圈的我方人员中，大都是非战斗人员，所配武器数量少、质量差。只有抗大一分校第五大队是有武装的学员队。在抗大一分校校长周纯全的指挥下，首先抢占制高点，阻击敌人，掩护领导机关和非武装人员突围。

突围中，我方人员遭受了重大损失。山东省战工会副主任兼秘书长陈明、国际友人汉斯·希伯、115 师敌军工作部部长王立人、抗大一分校二大队政委刘惠东、蒙山支队政委刘涛等近千人壮烈牺牲。

的敌人用密集的火力压住了。

就在这时，周校长发现我腰上缠着不少手榴弹，就问我有几颗手榴弹。我数了数，有八颗。周纯全指示我将手榴弹分发给战友。此时我所在的侦察班牺牲的牺牲，重伤的重伤。周纯全扫视四周，算上警卫班的战士，人不多。于是，侦察班班长丁云带着两名战士负责打掉敌人的一个机枪火力点，我和警卫班的人保护首长突围。大家利用地堰做掩护，趁敌人机枪换梭子的时间猛冲出去，甩了几颗手榴弹将鬼子的另外一个机枪火力点炸掉。最终，在周纯全校长的带领下，我们掩护大部队向西冲过大沙河，胜利突围。

永远不能改军人本色

我是从战火中走出来的人，对部队有着特殊的感情。新中国成立后我一直在部队从事政治工作。1955 年对我来说终生难忘，当时我在泰安军分区干部科当科长，这年济南军区委派专人代表国防部授予我少校军衔。接过军衔，我想到了当年和自己一起出生入死的战友，想到了曾经经历过的一幕幕浴血奋战……百感交集。直到现在，回想起授衔的那一幕，我心情依然激动。

* 大青山胜利突围纪念碑

回想当年，我们受的苦，没有经历过的人很难想象。我们那个时候以艰苦奋斗为荣，讲奉献，讲牺牲精神。社会在发展，祖国的未来由年轻人挑大梁，我现在的心愿是希望年轻一代继承老一辈优秀革命传统，继往开来，把咱们这个国家建设得更加富强美好。

不辞而别去打鬼子

口述 / 赵志田

~人物小传~

赵志田，1924年生，沂水县许家湖镇赵家楼村人，1940年参加革命，入伍时参加国民抗敌自卫军，后被编入八路军115师686团2营4连，从沂蒙山抗日根据地转战东三省和南方黔桂等省及朝鲜战场，先后历经抗日战争、解放战争、抗美援朝战争，1956年转业到临沂行署公安处工作。这位今年91岁的抗战老兵，回忆起当年打鬼子的烽火岁月，声音洪亮，铿锵有力。听他讲述抗战故事，感受抗战峥嵘岁月，很容易就被他坚定的神情、燃烧的激情深深打动。

* 赵志田

1937年，抗战全面爆发，到9月底日本鬼子就到了咱山东境内，12月份，鬼子的飞机就轰炸了咱沂水城和沭水集，炸死七十多人，炸伤一百多人。沂水城里的人就都跑到乡下躲避，俺村里就搬来了好几户。就连沂水县长孙桐峰也逃到山里，沂水县就乱套了。1938年，日本鬼子占了沂水城。俺村离沂水城只有十多里路，听说在离我们不远的上、下峪村，日本鬼子一早晨枪杀了一百五十多名村民。

不辞而别去参军

1940 年农历六月，我刚 17 岁。有一天，我正在家西边放牛，同村的赵树志在远处叫我，他说，听说当兵的整天吃馍馍就肉，咱们去当兵吧。我就告诉他，当兵也要分孬好，汉奸的队伍吃得再好也不能去。在知道赵树志是要去当八路打鬼子后，我就同意了。回家拴好牛就要往外走，俺娘正在烙煎饼，看我有点反常，就问我要去哪儿，我说到河边玩，就跑了。

*赵志田晚年撰写的回忆录封面

后来我才知道，我和赵树志不辞而别“失踪”之后，两家人非常着急，到处派人打听寻找。你想怎么能找到啊。为了怕当八路后给家里带来麻烦，怕鬼子、汉奸来报复，我们俩把名都改了。参军三年后，有一次路过莒南，我才托人写了封信，大致是三个内容：一个是我还活着，一个是告诉家里我在外边做买卖、能吃上饭，再一个是请家里人放心。

海脐子村绝处逢生

1942 年秋，俺这个连驻扎在赣榆东北的兴庄、李家巷子一带，和敌人打游击。农历九月的一天，鬼子过来大“扫荡”，团部已经撤走了，派出来一个骑马的过来给我们送信，结果没送到，这样我们就不知道鬼子来了。那天我和沂水的王文成俩人站双岗，太阳刚要冒红，天刚放亮，就看到鬼子、汉奸来了，打着膏药旗，“啪啪”地放着枪。我说王文成你在这里好好看着，我赶快去连部报告。连长听到我的报告，马上集合队伍，派上一个班先去占领海头，打算从海头走水路往石桥子撤。结果这个班到了海头被敌人打得只剩下俩人回来了，说敌人已经占了海头。部队就往海脐子村撤，把这个庄占据后开始挖工事，把老百姓的床和柜子也拉出来，堵上巷子。俺那一个连134人，让鬼子、汉奸包围了一整天，鬼子三次进攻都让我们打了回去。下午敌人第四次进攻就上来了，那个庄让敌人占了一半去。天黑了，下着小雨，咱部队就进了地主的一个围子，把机枪、步枪都准备好，又和敌人接着打。后来我们增援的部队来了，猛攻海头，包围我们连队的三十多个鬼子被紧急调往海头增援，只剩下怕死的汉奸继续围攻。

没有鬼子撑腰，汉奸的战斗力就不行了，再说我们又擅长夜战，连队趁机成功突围。在海边找来老乡的两艘船，安全渡到了海汉子对岸，沿着海滩一路北去，终于在石桥子一带找到了团部，与大部队会合。这时候清点人数，我连损失三十多人。

杀“朱”过年

从莒县到日照的公路边上，有个地方叫石沟崖，是当时鬼子重点扶持的一个汉奸据点，这个据点建在日照莒县相接的地方，是敌人安在咱滨海区根据地的一个钉子。据点四个角和中间都有炮楼，还有一些低碉堡，据点外修了两个围子——南围子、北围子，安了铁丝网，挖了壕沟，驻守的敌人有一千名左右，还有大汉奸朱信斋从“老窝”里带来的他的警卫部队五百人左右。

★朱信斋

日照县黄墩镇粮山口村人，自幼不务正业，因赌博输掉全部家当而当上了土匪，逐渐发展为称霸一方的土匪头子。1938年，他曾主动投靠八路军，其武装被收编为八路军山东纵队二支队四大队，后改为独立营，朱信斋任营长。收编后，朱信斋贼性不改，一直心怀鬼胎，蓄谋叛变。1941年3月，一夜之间逮捕了我党员、干部和工作人员二百余名。随后，将我独立营多位同志以及上百名地方干部、区中队战士残酷杀害。1943年7月，朱信斋公开投降日军，当了汉奸。当时人民群众提起朱信斋，无不恨之入骨。

1943年年底，刚打完赣榆战役，上级就分派任务，让俺这个老六团去拔掉石沟崖据点。当时快过年了，团里就提出“杀猪（朱）过年”的口号。腊月二十六日晚上，部队冒着寒风出发，直奔朱信斋的老巢石沟崖，急行军走了一夜，天亮前把据点包围起来。

这是一次伤亡很大的战斗。当时俺四连是第二梯队，另外两个连当突进队。冲锋号一吹，部队就开始攻击，拼命地往上冲，被敌人打着的，连被壕沟、铁丝网伤着的，这两个连伤亡一大片，回来查查人数，算上伙夫这些勤杂人员，只剩下二三十人。这一仗打得太艰苦了。

激战两天后，就剩下最后一个大炮楼子。上面传下命令，对朱信斋这个汉奸头子要逮活的。俺连李连长命令在炮楼门口放着秫秸、豆秸，点着火烧。炮楼门是铁的，最后把铁板都烧红了，把楼门烧开了。这个时候继续把秫秸往里塞，后来又扛来两箱子辣椒倒在火上一块烧，弄了几袋石灰往里撒。里面的汉奸就受不住了，都是一片“咳咳咳”声。李连长说，你赶快缴枪吧。上面就放下一根绳子，朱信斋让他老婆先下，他也顺着绳子下来了，被扣上手铐，扭着胳膊押起来。

大年初五，召开公审朱信斋大会，老百姓都来开会，高喊“杀猪（朱）过年”，那次枪毙了12个汉奸。其实不是被枪毙的，是老百姓一拥而上，用菜刀和剪刀把他们千刀万剐了。

死也要把鬼子赶出蒙阴城

口述／孙士才

～人物小传～

＊孙士才和妻子徐金英在老家安享晚年

孙士才，1924年生，费县胡阳人。1941年参军，先后在八路军山东纵队蒙山独立支队蒙费大队部、鲁中军区第二军分区司令部当通讯员，曾参加解放蒙阴县城等战斗。解放战争时期先后参加鲁南、莱芜、淮海等战役。抗美援朝时担任排长。1955年从部队退伍回家，半年后被调任青海畜牧学院学习、工作，6年后调回胡阳镇。离休后，老人最喜欢和年轻人讲当年的抗战故事，始终对部队充满着感情，他不但将自己的两个儿子送到部队，还先后动员三个孙子参了军。“我这一辈子，就是爱党忠军。”这朴实的话，恰恰就是沂蒙精神的实质。

我出生在费县胡阳的一个贫农家庭，17岁参军，来到蒙山支队蒙费大队。我们大队有五百多名战士，蒙山支队支队部设在胡阳村东北方向的褚满村，蒙费大队大队部设在胡阳村西北方向的通泰庄，两地相距不远。由于我年轻，腿脚灵便，遇事又能随机应变，大队领导就安排我做一些情报工作，主要负责向支队、中队上传下达。

我们用“三空”应对“三光”

1941年冬，咱们根据地的抗战就进入最艰苦的时期了。日本鬼子5万多人，用狠毒的“分进合击，拉网梳篦，铁壁合围”方式进行“大扫荡”，到了咱根据地到处烧杀抢掠，无恶不作。

“大扫荡”前，鬼子为方便活动，在褚满村安了据点，支队得到消息后提前转移。我们整个大队只有八十多支“土压五”“汉阳造”“生铁牛”等枪炮，面对鬼子的长枪短炮，上级决定采用“敌来我走，敌驻我扰，敌退我打”的游击战术，与鬼子周旋。

由于鬼子和汉奸的严密封锁，有段时间我们撤到山上，吃粮相当困难。老百姓明白咱是打鬼子的部队，想着法子支援我们。敌人有封锁线，老百姓就用褂袖子、裤筒子当成布袋，把家里的粮食送给我们吃。那时候多亏了老百姓。

为了反击鬼子的疯狂“扫荡”，我们在上级领导下，发动老乡实行“空室清野”政策，就是“三空”：把粮食牲畜藏空、家里所有用的东西搬空、人员躲空，来应对鬼子的“三光”。加上我们蒙费大队的战士大都是本地人，对山区地形非常熟悉，我们不断取得胜利，敌人妄想两个月消灭沂蒙山区八路军的美梦没能做成。

血战两昼夜打下蒙阴城

那时候沂水、蒙阴是鬼子在咱沂蒙山区的重要据点，敌人“扫荡”都是从那里出发。1944年8月，咱们部队打下了沂水城，当时咱八路军士气大增，证明了咱们部队有攻克鬼子坚固设防县城的能力。1945年3月鲁中军区打算采用强攻战术打下蒙阴城。

那时候，我被调到鲁中军区第二军分区，为司令员吴瑞林、政委王一平当通讯员。攻打蒙阴县城前，我们驻扎在距离县城西南30公里的地方，接到攻城命令后急行军，赶到蒙阴城外。

当时蒙阴城内驻有日军一个加强小队50人、12个伪军中队一千二百多人。西城门顶上建有七八米高的圆形炮楼，是蒙阴城的制高点，上面配有轻重机枪、手炮。平时，西门这个炮楼有4个日本兵把守。西城外还有伪军的一个班守卫，筑有5个碉堡，外围建有围墙。咱们八路军搞情报的，都把这些摸清楚了。我们部队来到蒙阴城外，想到小鬼子残害老乡的情景，大家暗下决心：就是死，也要把鬼子赶出蒙阴城！

★鲁中军区

1941年8月，八路军山东纵队决定筹建鲁中军区，刘海涛任司令员，霍士廉兼任政委。但机关部队尚未组成，即投入冬季反“扫荡”战斗。1942年8月1日，以原山东纵队机关一部正式成立了鲁中军区，罗舜初任司令员兼政委，后王建安兼任司令员。辖5个军分区、3个直属团。

3月7日，组织上委派山东军区战斗英雄曹世范和另外一位战友曹风洲率先乔装进城，炸开蒙阴城西门，配合部队里应外合攻城。我们在城外听到城内一声巨响，知道西门发生爆炸，可是攻到城门那里，却发现被炸晕的日伪军很快厘清了头绪，严守城门，难以攻入。

后来上级传信，“二曹”顺利转移出蒙阴城，并把城里情况向组织进行了汇报。紧跟着第二天晚上，我们负责从东门攻城。日伪军的枪炮在东门外形成了火力网，司令员吴瑞林亲自带领警卫班上阵，我们架起梯子爬城墙，等东门攻下来，攻打西城门的战士也顺利打进了城。

很快又炸毁了敌人西北、东北角两个碉堡。最后还剩下敌人的一个中心大碉堡，这个碉堡有二十多人守备，枪炮不缺。爆破手在火力的掩护下，将中心碉堡炸出了一个大口子。最终，经过两昼夜血战，打下蒙阴城，还把伪县长唐云三俘虏了。

宁叫敌人杀头绝不开口泄密

口述／訾　忠

～人物小传～

＊訾忠

訾忠，原名訾元勋，1924 年 3 月生，1938 年参加中国共产党领导的“抗日学生救国团”，次年加入中国共产党。曾任费县游击第二大队新成队副队长，临沂县艾山区区长、义堂区区长、城关区区委书记，中共临沂地委党校副校长、临沂农校副校长等职。1985 年 6 月离休。今年已经 91 岁的訾老，精神矍铄，思路非常清晰，每天坚持看报。聊起当年的抗战经历，他总是话题不断，不知疲倦，仿佛讲上三天三夜也讲不完，可无论讲到哪一段，訾老始终强调一句，就是“严守党的纪律，保守党的秘密，对党忠诚”。面对生死，他是坚定地这么做的。鲐背之年，有着 74 年党龄的訾老依然将这句话牢记在心、忘不了嘱咐后人，可知这句话在訾老的心中占据着多么大的分量。

1924 年，我出生在周井铺村（现属临沂市兰山区义堂镇）。从 1936 年到 1938 年，我在完小上学。早年间，我的祖父、父亲为了抵御土匪，带领周井铺十几个人参加了民团。1938 年的 3 月 25 日，日军进占义堂、南楼，放火烧庄，国民党 59 军受命返回临西，在古城一带设立防线。26 日一早，地下党员和我父亲带领本村二十多名青壮年，打起“老套筒”“汉阳造”等共二十多支枪，埋伏在村东和村南，准备打鬼子。当天下午，日军调了大队人马向周井铺进攻，机枪、小炮一个劲地扫射轰炸，我父亲他们不得不撤离。

我随鲁南特委撤退

1938年鬼子进攻临沂，临沂战役打响。鬼子占领临沂后血洗临沂城，对周井铺学校里的学生震动很大，一些学生要回家，一些学生要去抗日，到后来学校就停办了。

1939年初，中共鲁南特委在费县南坡成立。接着鬼子就进攻费县，进攻鲁南特委。那时候鲁南特委的武装很简陋，人也少，经不住敌人的进攻，只好撤退。敌人有骑兵，追得很快，到了芦山把我们追上了。我们在芦山和敌人打了一仗，边打边撤，因为我们的武器差，根本抵抗不住。那时候我年龄小，才14岁，非常紧张，还背着个背包，跑不动。后来我就把背包卸下来扔了。撤到山上时，敌人越追越近了，我落到了最后。眼看着敌人攻上来，我就转了个弯，在山沟隐蔽起来了，总算逃脱了。那次战斗，牺牲了好几个同志。

★鲁南特委

1939年1月下旬，中共中央山东分局决定建立中共鲁南特委。特委在费县南坡（今属兰陵县）正式成立，隶属山东分局。1939年7月改属山东分局第一区党委领导。特委领导临沂、郯城、费县、临郯费峄四县边连县、临费、滕县、峄县等县委。

监狱里组织两次越狱

鬼子进攻临沂以后，我在地方上，跟部队失去了联系。当时一心想着打鬼子，我就暗地里联络人成立地下游击小组，很快联络了二十来个人。当时游击小组没枪又没炮，我就到临郯费峄四县边联办事处申请武器。组织上说即便给你武器你也带不回去，沿途都是鬼子的岗哨。组织给我写了一封介绍信，让我到鲁中沂临边联县办事处找尚明帮助解决枪支。

我就带着这个信去鲁中，身上还带着自己画的地图、地下游击小组人员的花名册。结果到了路上，经过方城镇东蒋村时，正好碰到了王洪九的人，一下子就被逮住了，敌人马上搜身，把地图和名单搜出来。幸好那封介绍信叠得很小，掉到布袜里去了，没被搜到。介绍信要是被搜着，那问题就严重了。这个情况下，我的身份明显暴露了。敌人把我带到狱里，进行严刑拷审。先是压杠子，就是让人站在两块砖上，腿腕处夹着一根长木棍半蹲着，审讯人员站在木棍上，最多时能站八个人。接着又打鞭子，鞭子都是蘸着水抽，抽得两个腋下血淋淋的。还要忍受蚊虫叮咬，监狱里的墙上蚊子成串，跳蚤遍地都是，人被捆绑着任由这些蚊虫叮咬。敌人就是逼着叫我交代这个名单是干什么的，但是我始终坚持称是抓逃兵的。我咬紧牙抱定了一条决心，就是宁叫敌人杀我的头，我也决不会开口泄密。

★临沂战役

又称临沂阻击战。是1938年春中国军队在以临沂为中心的沂河两岸地区，与日本侵略军进行的一场长达五十余天的血战。临沂战役既是台儿庄战役的序幕战，又是台儿庄战役的外围战，有的史书还将它作为台儿庄会战的一个组成部分。临沂战役中，中国军队的顽强阻击，给予日军板垣师团以重创，将其主力迟滞于临沂防线，从而为台儿庄会战的胜利奠定了基础。正如当时第五战区司令长官李宗仁所说："临沂一役最大的收获，是将板垣、矶谷两师团拟在台儿庄会师的计划彻底粉碎。造成尔后台儿庄血战时，矶谷师团孤军深入，为我围歼的契机。"

1938年4月21日，日军侵占临沂城后，对无辜居民进行疯狂的大屠杀。在大街小巷密布岗哨，架起机枪，挨户搜查，堵门杀人。日军每到一家，遇人就杀，对妇女则先奸后杀。未及走脱的居民，纷纷逃向西门里德国天主教堂，可是德国神父紧闭大门，百呼不应。在此聚集的七百余人，全部被日军用机枪射杀。在城内西北坝子3个防空洞及西城墙根躲难的群众480余人，除婴儿宁振芳幸免外，全部被惨杀。日军搜查城隍庙东杨家园时，妇女纷纷跳井自杀，顷刻之间尸体塞满井筒。日军疯狂屠城达十余日，全城居民被杀害2840人，加上城郊被杀的，共达三千人以上。日军在屠城的同时还纵火。从火神庙以西、僧王庙前至聚福街东、洗砚池街以南，直到石碑坊、杨家巷至刘宅一带，大火一直延续烧了六七天，整个城西南隅化为灰烬。南关老母庙前、阁子门外的房屋也全部被烧光。

在这个情况下，早晚会让敌人折磨死了，得想办法跑啊。这样我就开始联络监狱里面的人，联络了十几个人准备逃跑。正当我们准备组织越狱时，走漏了消息，大家被挨个吊起来拷打。到了第二次越狱时我们才逃出来，逃出来后，跑了很远，前面又遇到鬼子，我就趴在一个汪塘里藏了半天，到了快天黑才爬出来，找东西砸开了铁锁。

清剿王洪九匪点

1944年8月，组织上任命我为武装乡乡长，当时，除组织上给我配了一把枪外，其余人都两手空空。这种情况下，我打出了武装乡的旗号，以牛田为中心，发动群众抗日，组织民兵站岗放哨，向南北发展。几个月时间，将15个村组织了起来，建立了村政权和党组织，成立农救会、妇救会、儿童团、自卫团，组织了村民兵，建立了联防大队。

1945年，上级展开了“春伐王洪九”行动。2月底的一天，我向鲁南军区特务团副团长崔梦坡介绍了沂艾庄据点的敌情以及附近的地形。夜晚，战友们包围并攻打了小围子，因为当时没有炮，久攻不下，后转为围点打援。我们将增援王洪九部的特务大队打得狼狈而逃。随后我们又对王洪九的其他据点展开进攻。先后打掉了沙沟崖、寿衣庄、朱保等五个据点。1945年秋季的“讨伐王洪九战役”，我们又打下李家寨、后乡、王庄等五个据点。抗战胜利后，我被派到滨海区党校学习，之后走上了解放战争的战场。

★王洪九

1906生，原名王士范，临沂市沙沟崖村人，汉奸。先后就读于山东省立临沂中学、济南军官学校。回籍后参加过民团并曾在本村办过学校。

“七七事变”后，他于1938后2月打出“打日寇，保家乡”的旗帜，组织“临费边境抗日联庄会”，自任会长。1938年夏，被临沂专员张里元收编为山东省第三区行政督察专员公署保安第17支队，番号后多次更改。此间，王制造摩擦，扣押、杀害八路军官兵，参与制造了鲁南“四二五”“七二五”事件，残害共产党员、革命群众，后与日寇勾结，担任台潍、滋临公路护路任务，为虎作伥。

1945年11月上旬，其盘踞的孟家村、李家宅被八路军攻克，王只身逃往泰安、济南。1946年8月，王在徐州组织散部，建立区训大队和还乡团，后改编为山东省保安第7团，1947年2月随国民党北上，占据临沂，任专员兼保安司令。此后，王指挥还乡团倒算土改果实，屠杀革命干部和群众七千余人。

1948年9月，济南战役胜利后，困守临沂的王部惶惶不可终日，于10月10日率所部及其他地方的还乡团八千人逃到郯城。11月7日，解放军解放郯城、消灭王洪九的战斗打响，次日凌晨，王部弃城突围，大部被解放军歼灭，王逃脱。1949年新中国成立后逃到台湾，度过余生。

打鬼子不怕豁上命

口述 / 盛本林

~人物小传~

盛本林，1925年出生，临沂市沂南县铜井镇望前庄人，1944年入伍，1946年加入中国共产党。参加了蒙阴战役、莱芜战役、济南战役、淮海战役、渡江战役和抗美援朝。1951年因伤去大连养伤，伤愈后进入山东荣军学校学习，后转业至青海省畜牧厅工作，1986年离休。入党69年，盛本林一直以一个老党员的标准严格要求自己。盛本林说，和那些艰苦的战争年代相比，现在的生活没有任何困难。这一辈子，他最为感谢的就是党对他的关怀、党的培养和教育，他对党的忠诚之心永不变。抗战时期不忘国恨家仇奋勇杀敌，和平年代忠于信仰感恩于党，这也是所有沂蒙抗战老兵的共同心声。

* 盛本林

1941年，鬼子在沂蒙山区大“扫荡”。“扫荡”到我们村的时候，听说鬼子在村里开了个会，决定抓一批壮年劳力，拉到了东北做劳工。当时，仅仅俺这一个村子就有48口村民被拉到大连去，俺父亲就是其中一位。后来我才得知，俺父亲死在了那里。

为报父仇去参军

1942年，为消灭革命群众和抗日队伍，鬼子变得更加残酷，在俺家乡展开拉网式的“扫荡”：从界湖到我们这边形成了一条“扫荡”线，一路往西去。那时候我跑到山里躲避，总算躲了过去。等我从山里转出来，听说俺二叔在西山下被敌人用刺刀刺死了，我对鬼子真是恨之入骨。想到父亲的死，看到身边亲人被鬼子残害，我萌生了替父亲及亲人报仇的想法。

★张仁初

＊张仁初

1909年生于湖北省著名的将军之乡黄安县(今红安县)，1927年参加革命。他出生入死，身经百战，先后负伤11次，立下了赫赫战功。抗战八年，他跟随罗荣桓活跃在山东，积极抗战，屡立战功。1955年被授予中将军衔，1962年任济南军区副司令员。他是中国人民解放军第26军首任军长。

张仁初打仗不怕死。1936年在陕北“直罗镇战役”中，敌人来势汹汹，战士们久攻不下，张仁初气得直跺脚，把衣服一扒，光着膀子拎着大刀就冲进了敌群，左劈右砍，和敌人展开殊死搏斗。由此，“张疯子”的外号便流传开来。

“七七事变”之后，全民族的抗日统一战线形成，张仁初所在部队改编成八路军115师，张仁初任686团3营营长。1937年9月，张仁初率3营战士作为主力，参加了平型关阻击战。1939年3月1日，时任八路军115师686团副团长的张仁初，跟随115师代师长陈光、政委罗荣桓进入山东。在一次战役中，部队缴获了一批战马，地方党政领导特将一匹战马“花斑豹”配发给张仁初，作为对他指挥果断、作战有功的奖赏。“花斑豹”载着这位勇猛的战将驰骋在山东抗日战场，屡建奇功。1940年，在鲁南天宝山根据地反“扫荡”时，一日军头目坐上汽车突围逃跑，当时担任八路军鲁南支队支队长兼686团团长的张仁初飞身上马冲了上去，前面军车上的日军回过身来向他开火，他伏身马上，手握两把匣子枪，左右开弓，车上的日军一个个中弹掉下车来，最后，就连驾车的司机也被张仁初一枪干掉，日军军车趴在了路上，全车的日军全部毙命。

报仇怎么报？在家里等着肯定报不成。当时我就想去当兵，豁出命去打鬼子，一命换一命也不赔本。这就是俺当时唯一的想法。我把村里平时一块玩的几个小青年聚在一块，提议说咱们当兵去吧。大家都同意。于是我们就去了南寨，找到了“老四团”，在那里入了伍。当时的团长是谁呢？就是打仗勇猛，敢打敢拼，外号叫“张疯子”的张仁初，当时好多大仗、胜仗都是他带领打的。

我当了一名电话兵

入伍之后，我进了电话班当了一名电话员。战场上，电话员的工作就是一个人背着一捆线、一部电话机，跟着部队行军。需要的时候电话兵们就散开，分头去布线。如果再向前行进，就把线收起来，然后再布线……

* 盛本林关心时事，喜欢读书看报

打沂水时候，我们的部队是从南边把城墙炸开攻进沂水城的。但是刚攻进城，电话线就在城墙根处断了，我急忙跑过去接线。战斗中接电话线和往敌人阵地冲锋一样危险。鬼子在炮楼上，机枪打得非常猛烈，我顶着弹雨完成了任务。电话线接好后，电话班长就带着我们一起冲进了沂水城。部队攻击中发现了 7 个鬼子，我们就一直追着打，最终俘虏了 6 个鬼子。另外一个鬼子也未能逃脱，被我们给击毙了。看到这样的情景，我打心眼里高兴，心想可算是给父亲报仇了。

最危险的一次战斗是在淄博，那个时候我在团里，我们被敌人包围了，反复突围都没成功。后来在团政委的带领下继续往外冲，一颗子弹打中了政委，子弹从肩膀前进去从后背出来。我的脚踝也被敌人手榴弹炸伤。大家最终还是成功突围。

抗战胜利的时候，我正跟着“老四团”在淄博周村，听到胜利的消息，别提有多高兴了。

★老四团

即八路军 115 师教导 2 旅 4 团，被老百姓亲切地称为“老四团”。1937 年平型关大战后，以两个红军连队为骨干，于 12 月底在山西洪洞河西扩编而成。1940 年 11 月，该部队到达鲁南、苏北。在沂蒙人民的支援下，部队打鬼子、灭汉奸，袭击阿虎车站、活捉汉奸朱信斋，攻无不克、战无不胜，威名远扬。老四团在解放临沂城后，完成了在沂蒙山区的抗日使命，挥师北上，加入了在东北的第四野战军。

干革命就是要豁得上

抗战胜利 70 年了，现在回想起来，那时候部队战士们的劲头都非常足。不管是打仗也好还是执行其他的任务，那都是豁上命地去干。那时部队上的人信念都很坚定，思想都很都统一，充满着“干革命就是要豁得上”的精神，没有怕死的，心里就觉得即使牺牲了也是光荣的。豁上命地干革命，不管牺牲没牺牲，只要求得解放了就好。只有解放了，才会有更多的人回家过好日子，过安稳日子，不再受战争的苦。

和那些艰苦的战争年代相比，我现在的生活没有任何困难。这一辈子，我最感谢的就是党对我的关怀、党的培养和教育。我要说的就是对党忠诚的心永不变。

狭路相逢全歼日军尖刀班

口述 / 秦永庆

~人物小传~

* 秦永庆

秦永庆，1927 年 7 月出生于费县探沂镇石行村。1944 年 7 月参加八路军，1952 年 8 月在抗美援朝作战中受伤回国医治休养。他参加过抗日战争、解放战争和抗美援朝，曾数次立功受奖，4 次英勇负伤。1954 年 2 月转业回费县，在皮疹防疫站工作，1980 年 10 月离休。在抗日的战场上，秦永庆有遭遇战“全歼鬼子尖刀班”的战绩，更多的是舍生忘死的拼命搏杀，曾无数次眼见旁边的战友受伤，甚至死亡，自己也曾浑身上下被炮弹崩得伤痕累累。他说，回顾抗战，自己有自豪，也有难过。自豪是因为为民族的解放做出过贡献，难过则因为那些亲如手足的战友，永远没能走下战场。自己至今还记得，有一次打仗，炸弹突然飞过来，旁边一位战友的身体被拦腰炸断，只剩下上半身，这位战友当时没有死，竟然自己用手把自己撑了起来，一看下半身炸没了才倒下去，再也没起来。每当想起这些战友，自己还有什么不知足的呢。

我于 1944 年 7 月参加八路军，被分配到八路军滨海军分区二师四团卫生队，后随部队改编，成为东北抗日联军一纵队二师四团的一名看护员，后来成为中国人民解放军、中国人民志愿军的一名军医。但不论走到哪里，我都牢记着，我是从沂蒙山走出去的。

★滨海军分区

1942 年 4 月，鲁中五地委和鲁南四地委合并成立滨海地委后，接着成立了滨海军分区。1943 年 4 月，滨海区党委成立，滨海区实行一元化领导，中共山东分局和山东军区决定撤销 115 师教导二旅、教导五旅和滨海军分区番号，成立滨海军区。司令员为陈士榘，政委为符竹庭，参谋长为何以祥，政治部主任为刘兴元。

遭遇战全歼鬼子尖刀班

1944 年，八路军第 115 师 344 旅进驻临沂费县。乡亲们说这支队伍不但打鬼子，对老百姓还特别好。那年我 17 岁，主动报名参加了八路，被分到八路军滨海军区二师四团。因为我上过私塾，识文断字，被分配到卫生队做护理员，担当起战场医疗救护任务。行军打仗中，遇到受伤的战士，我的任务就是照顾他们。晚上宿营时，一听到那些重伤战士的呻吟声，也要赶紧起来照顾，时间一长我就养成了夜里睡觉非常警醒的习惯。

1944 年 11 月的一天，部队急行军至深夜，就地露宿在一个小山坡上。连日奔波，战士们都很疲倦，当时天很冷，但大家倒地就睡。我当时睡在宿营地的最外边，因为职业养成的习惯，睡觉时我始终绷着一根弦。也不知睡了多久，突然间被一阵“咔嚓咔嚓”的脚步声惊醒。

我心想，这是大皮鞋踩硬路的动静，咱八路军都穿布鞋，估计应该是日军！不过也不敢确定，就握紧了手中的枪，做好了射击的准备。忽然，有人用日语说了几句话。我一个激灵，猛地跳起来大喊：“有鬼子！”，抬枪射击。这下，战友们全醒了，枪声响成一片。鬼子做梦也想不到在这碰到咱八路，一下就被打懵了。

这次短兵相接中，因为发现及时，咱们先发制人，打了一场“短平快”的胜仗，把一个 12 人的日军“尖刀班”歼灭，自己人没有一个受伤。我也因为表现勇敢受到上级表彰，当时还有记者采访了我，在军报上做了报道。

炸开临沂城墙

1945 年 8 月，抗战进入大反攻阶段，我所在的老四团在杨大义和郝建的带领下，参加了临沂战役，负责在城东南角进攻。那年天气很热，我们顶着酷暑，冒着城楼上猛烈的炮火，与敌人周旋，展开了殊死的搏斗。

由于攻城受阻，进展不快，最后指挥部调整战略，用宣传攻势引开敌人的注意力后，深夜在城墙角挖坑道，准备炸开城墙。挖坑道是件苦差事，有很多战友中暑呕吐、晕倒，我就帮着做简单处理。之后，他们就继续往前挖。经过 8 个昼夜，一条 100 多米长的坑道终于挖好。战士们将黑色炸药装在提前准备好的棺材内，装上导火索。9 月 11 日凌晨，随着惊天动地的一声巨响，城墙上被炸开了一道大豁口。我和老四团的战友们呐喊着，争先恐后地从坍塌的城墙缺口冲进去，经过拼死搏杀，终于攻下了临沂城。

* 滨海军区庆祝抗战胜利

这场战役中，我方俘虏日军头目金城恒硕，同时被俘的还有王洪九部参谋长陈维章、伪临沂县长韩文龙、伪临沂保安大队长许兰笙、伪费县县长韩金声、伪费县保安大队长邵子厚等头目。我们将汉奸头子在郊区进行了审判后处决。

此后，我所在的“八路军滨海军区二师四团”正式改编为“东北抗日联军一纵队二师四团”，我随部队奔赴东北，参与到更加艰苦的战斗中去。

扛起枪打胜仗　放下枪种好庄稼

口述 / 彭安廷

～人物小传～

彭安廷，1944年10月加入郯城县大队，同年加入中国共产党。先后参加过涝沟伏击战等战斗，解放战争时期参加过孟良崮、济南、淮海、上海等战役，新中国成立后赴朝参战。1953年退伍回到家乡后，老人成了村里年轻人的偶像。老人在从事农业生产的同时，也主动担起宣传革命事迹、教育年轻人的责任。“扛起枪能打胜仗，放下枪能种好庄稼。”老人是这么说的，也是一生这么做的。

＊彭安廷

我生于1922年，家是兰山村（今临沂市罗庄区褚墩镇兰山村）。我是庄稼人出身，1944年加入郯城县大队，走上打鬼子保家乡的道路，参加抗美援朝后我又退伍回乡。总结回顾这些年，就是一句话：“扛起枪咱能打胜仗，放下枪咱要种好庄稼。”

鬼子进村

鬼子哪年进的俺村，具体时间我记不清楚了。那年鬼子来时，村里已得到消息，好多年轻人都提前逃难去了。我家里有老娘，她年龄大了，跑不动，我就没离开。

刚开始是一个小队的鬼子进村，这帮鬼子头上戴着钢盔，肩上扛着枪。有一个鬼子在村巷子里遇见我，上前比画着手势，问我见过八路军没有。当时我还小，心里害怕，连忙摇头。鬼子没找到八路，就开始抓壮丁，让村里没来得及逃难的青壮年到村北两座小山上砸石头，修碉堡。两座小山东西相距有一公里，各建起一座碉堡，都驻鬼子一个中队的兵力，还配备有两门钢炮、两挺歪把子机枪。

* 彭安廷荣获的“纪念中国人民抗战胜利60周年荣誉证书”

鬼子还让村里人砍了山下的一些树木，做成路障，放在碉堡外。山上建了大水池子，由山下各村村长负责找人每天往山上送水，稍微送晚了就得挨鬼子一顿毒打。兰山村成了鬼子在鲁南的一个据点。

参加革命

鬼子在村里为非作歹，祸害百姓，激起我的愤恨。我们村当年有个名叫王德华的人，他很早就加入了共产党，参加了郯城县大队。1944 年 10 月，我主动找到郯城县大队，找到了王德华要求参加革命。在郯城县大队期间，俺主要在郯城、兰陵等一带活动，平时住在老百姓家里，跟鬼子、汉奸打游击。

★郯城县大队

1940 年 5 月，郯城县农民抗日第一、二大队合并为郯城县大队。10 月，郯（城）马（头）地区伪化，县大队分成若干游击小队。1945 年 2 月，郯城县大队扩大为县独立营，同年 8 月扩编为郯城县独立团。

有一次，县大队派我到册山（今罗庄区册山街道）侦察鬼子的据点，当时我穿了一身便衣，腰里别着一把短枪。刚到册山，没想到就遇到一股出来巡逻的小鬼子。我眼瞅着跑不了了，情急之下急忙掏出腰里的短枪，一脚踹到泥地里。

被鬼子抓到后，我被押到兰陵当民夫，为鬼子扛弹药、装车，往临沂城运送。在临沂城，鬼子要我给他们担水、做饭、打扫卫生。直到第五天，我才趁外出担水的工夫逃跑了。由于晚上城门关了，我就隐蔽在城里一户百姓家，到了第二天才出城脱身。

当时郯城县大队武器紧缺。出了城，我一路小跑又赶到册山，找到自己先前踹到泥地里的那把短枪，一路打探着回到了部队。

涝沟伏击

抗日战争期间，在我的印象中，郯城县大队与鬼子打得激烈的一次是涝沟伏击战。这个时期，我们郯城县大队已经发展到了一千五百多人，在郯城西南35公里外的涝沟驻扎着二百多个鬼子和汉奸。我们县大队经过讨论，决定消灭这股敌人。

＊敌人毁掉民房建碉堡

趁敌人准备吃午饭的空当，咱们的人将整个涝沟村包围了起来，接着就打。敌人的武器好，咱的武器不行，就一直拖着敌人打，没有进村子打巷战。敌人见我们兵力足，也不敢冲出村子。双方就这么打起拉锯战，从中午一直打到下午四点。最后，县大队的领导建议不要恋战，免得敌人增援部队赶到吃大亏，我们主动撤退了。

战后，经同志们统计，我们县大队一共消灭了鬼子、伪军四十多人，我们也有37位同志牺牲。

5 枪放倒 4 个鬼子

口述／徐启胜

~人物小传~

＊徐启胜

徐启胜，1926 年出生，18 岁参加革命，被编入郯县县大队。抗日战争期间，参加过方庙村突围战、宋庄增援战等，解放战争时期参加了莱芜战役、孟良崮战役、许昌战役、洛阳战役、淮海战役、解放南京等。曾任 22 军 65 师 195 团司令部参谋。1955 年主动向组织提出复员返乡，理由很简单，“我家里还有位老母亲，是老娘要饭把我养大，不能撇下老娘。”回到家乡后，他曾在供销系统供职。暮年，老人觉得他的一生对党尽责，也尽到了一位儿子应尽的义务，此生无憾。

我从小就胆大

我的老家是沂河西岸郯城县重坊镇重坊二村。

我从小就胆大。鬼子来了别人都跑，我却敢跟着八路军看他们打鬼子。在我的记忆中，八路军东进支队一个排的兵力来到我们村，很快村外就围上来 3

辆鬼子坦克。东进支队当时只有三挺重机枪，八路军架起重机枪就朝鬼子扫射。我当时穿着一件长衫，看见重机枪“哒哒哒”扫射，子弹壳不停地弹出，赶忙跑上前去，兜起长衫去接飞出来的子弹壳，有个八路军战士一把把我揽过去，叫我赶紧隐蔽。

我在村巷子里看到八路军冲到坦克上，用炸弹炸坦克。有一辆坦克被炸毁后，八路军很快转移。第二天，鬼子把被炸毁的坦克拖走了。

没过几天，很多鬼子又经过我们村。村西有座天齐庙，鬼子的指挥部就安在天齐庙里。我因为胆大，就偷偷地过去看。看到鬼子经常用那种便携式手摇电话与外界联系。当时，这一带有鬼子的维持会，维持会里有个名叫徐保栋的汉奸，专门跟着小鬼子干坏事。这年的冬天，寒风嗖嗖地吹，我看到徐保栋经常坐到坦克外边，领着鬼子出去“扫荡”。

方庙突围

1944 年，我参加了鲁南军区第三军分区邳县（今江苏省邳州市）县大队，成为 1 营 1 连 8 班战士。参军前我是民兵，很积极，到处宣传八路军好。当妇救会会长的韩大娘觉得我是个当兵的材料，就找我谈话，说你想去当兵吗，我说想当兵啊。韩大娘就说那好，报名当八路去吧。俺村和我一起报名参军的还有邻居马文岭和梁友才。我骑着一匹马，他俩坐着两顶轿子，我们就去当了兵。我记得还是区长给我牵的马，很光荣。

我们县大队主要在当时的邳县以北活动，是一支游击队，部队基本上每天晚上都要转移，有时一晚上转移四五个村庄。那时候条件很艰苦，行军一夜跑百八十里，腿都麻木了。累极了顶多休息五分钟，休息多了腿就懒了，就不想走了。穿的衣裳也很单薄，部队上的棉袄里边没有棉花，是在羊身上剪的羊毛。阴历九月发棉衣，等着快过年的时候，羊毛都掉净了，天天冻得打哆嗦。

1945 年快秋收时，邳县县大队 1 连、2 连、3 连驻在方庙村。鬼子拂晓奔袭，攻打了我们住的那个村，等我们 1 连发觉后，2 连、3 连已被鬼子打光了。鬼子是用刺刀把我们哨兵先捅死，直接摸到部队住的屋里。战士们没等醒刺刀已刺到身上。两个连的人一个也没跑出来。

我们这边知道后，赶紧转移。撤退中，我和班里另外 10 位同志趁夜色一路来到方庙村不远处的武河，隐藏在老乡淘沙留出的沙洞里，只见远方正面赶来一小队鬼子，端着枪，上了明晃晃的刺刀。班长数了一下鬼子人数，一共 7 个。等鬼子到了离我们有两米的地方，班长喊“打”，我们一齐开枪。因为离得很近啊，当场消灭 2 个敌人。大伙继续突围，很快都走散了。我们班最后只有我和本村的梁友才活着突围出来，一块入伍的马文岭牺牲了。

这次战斗，全营只剩下 35 个人，营里的干部只剩了一个政委，我们连里的干部还剩了 1 个连长。其他的连里，干部战士都没了。政委点名时，每喊一个名字没人答应，同志们就哭一片。鬼子确实太残忍了。

我 5 枪放倒 4 个鬼子

方庙村突围以后，我们邳县县大队补充了力量。不久，我们又参加了位于沂河以北的宋庄增援战。我们住在铁佛寺（今邳州市铁富镇），二、三连住在宋庄附近，早晨起来刚站好队集合开饭，侦察班长跑来了，说三连受损失了，赶快去支援。我们连饭都没吃，一口气跑到 8 里外的宋庄，把鬼子打退，冲进围墙。占领村子后，我就在墙上边掏了枪眼，等鬼子进攻到 10 米左右时，我沉着开枪，5 枪消灭 4 个鬼子，还有一枪哑了，子弹是颗臭弹。我们那会儿很穷，一杆步枪才 7 发子弹，打完就没了。这场战斗后，我被评为一级战斗模范。

随后，我们部队向北转移，转移到文峰山，我光荣地入了党。抗战胜利的时候，我还在三大队里头。记得政委腿伤还没好，他一瘸一拐地走过来，高兴地对我们说，“同志们，我们胜利了，日本鬼子投降了，无条件投降了。”很多人都流下了热泪。

父亲护送刘少奇

口述／王　滨

~人物小传~

* 王滨

王滨，1936 年出生于临沂市莒南县板泉镇，父亲王言时、叔叔王言畅都曾参加过抗日战争。新中国成立后，王滨一直在文化系统工作，出版了以记述创作红歌《跟着共产党走》为主题的《永远的歌声》等书。王老还是一位对沂蒙抗战历史的挖掘整理者，退休后，先后多次赴北京、上海等地，走访当年在沂蒙参加抗战的抗大一分校老战士及刘少奇的夫人王光美、《跟着共产党走》词作者沙洪、《反对黄沙会》(《沂蒙山小调》前身)词作者阮若珊等人，用笔记录下这些曾经在沂蒙地区战斗过的老同志与沂蒙的深厚情谊。

说起我家当年打鬼子的那些事，得从 1932 年 12 月 17 日深夜，在板泉西门外松林里成立的中共板泉崖党支部说起。那年秋天，中共临郯县委负责人刘谐和以教师身份为掩护，来到板泉完小任教，传播革命思想，开展党的地下工作。经刘谐和的培养，介绍王任之入党。之后，王任之又协助刘谐和发展了杨家祥等一批党员。1937 年 11 月，板泉党支部决定派王任之、杨家祥等人赴延安学习。

王任之和我叔叔王言畅都是1918年出生，俩人和杨家祥是同班同学，我父亲王言时和杨家祥又是换帖的兄弟。当时，杨家祥在延安学习期间曾通过战时邮局给我叔叔寄来书信和照片，我的父亲、叔父在这个时期就有了抗日思想。

★王任之 <<<

1918年8月出生，山东省莒南县人。1932年12月参加中国共产党，1932年12月参加工作。历任晋东南抗大、山东抗大分校队长、莒南大店区委书记，扬忠县委副书记，惠济县委书记，广饶县委副书记、书记，博兴县委书记、人武部政委，山东省委农工部副处长，历城县委书记、人武部政委，惠民地委农工部部长、地委常委、秘书长、副书记，临沂地委副书记、行署专员。山东省第五、六届人大常委。第六、七届全国人大代表。1990年12月离休，享受正省级医疗待遇。2014年1月13日，因病在山东临沂逝世，享年97岁。

爷爷捐出5支枪

1940年初，王任之跟随抗大一分校来到鲁中抗日根据地，这年农历八月十四日，王任之奉命与袁成隆到板泉开展民运工作，他们在板泉开了一个名流绅士抗日动员大会，有将近一百人参加。就在这次动员大会上，我的爷爷王培良率先发言，说现在是国难当头，抗日救国，匹夫有责，有钱的出钱，有人的出人，有力的出力。他当场把防土匪保家宅的5支枪(一把左轮手枪、一把匣子枪、三支步枪)捐出去。我爷爷还把两个儿子都送到战场上，这确实是一种大义之举。我家被授予两个抗属牌子，被誉为双“抗属”。

父亲护送刘少奇来沂蒙

1942年4月初，我的父亲奉命护卫一位首长。当时，我父亲是115师教导二旅便衣队副队长，他带着十位功夫、枪法不错的便衣去陇海路阿湖车站接站。

听父亲说，当时只知道要护送的首长叫胡服(刘少奇化名)，其他别的就什么都不知道了。经过周密安排，接到人后，他们穿过敌人的封锁线，顺利到达朱樊村(现属临沭县，当时是中共中央山东分局和115师师部驻地)。事后，父亲才知道这位首长就是华中局书记、新四军政委刘少奇。

父亲在世时曾多次向我讲述护卫刘少奇的经过，前些年，我也多次来到临沭朱樊村，重温那段历史。

我父亲因为武功好，打仗勇敢，在解放郯城的时候，他还是张仁初团长的通讯员。甲子山战斗中，咱们的部队往山上攻，攻不上去。在这期间，我父亲了解到一条上山的路，就一个看山的人负责把守。报告后，部队顺利从另外一个侧面冲上去，取得了胜利。我父亲被记了个二等功。

★刘少奇在沂蒙

1942年2月4日，毛泽东根据山东抗日根据地处于极端困难、领导人之间急需统一认识的实际情况，致电将要返回延安的中共中央政治局委员、华中局书记刘少奇，让他“经山东时请加考察予以解决”。3月18日，刘少奇(化名胡服)一行由苏北阜宁县单家港启程，于4月10日到达中共山东分局、八路军115师驻地滨海区临沭县朱樊村。

刘少奇用了三个多月时间缜密调查、分析和研究，采用个别谈话、民主协商、会议动员等方式，实施了事关山东发展的两大举措：一是建立山东党政军群“一元化”领导机制；二是开展“减租减息”群众运动。刘少奇决定将朱瑞调延安中央党校脱产学习，115师政委罗荣桓接任山东分局书记，将山东抗日挺进纵队收编115师领导，原山东省委书记黎玉不再兼任山东挺进纵队政委，山东分局和根据地党政军合署办公，实现了党的“一元化”领导。毛泽东评价：“用了一个罗荣桓，山东这盘棋就活了。山东这盘棋活了，全国这盘棋就活了。”

刘少奇在山东解决干部问题之后，领导群众大刀阔斧地开展了减租减息运动。为了开展好“双减”群众运动，刘少奇结合实际有针对性地作了《群众运动问题》的报告，提高了山东分局领导干部思想认识，先后组织200多名干部分赴莒南和临沭两县，并把秘书、通讯员、机要员等身边工作人员派去农村帮助工作，山东抗日根据地群众抗日激情高涨，沂蒙山区至今还流传着一首民谣：“沭河水、沂蒙山，草木皆兵抗日忙。最后一尺布做军鞋，最后一粒米送军粮；最后一口奶救伤员，最后一个儿上战场；最后一分钱买武器，最后一滴血保家乡。”

1943年3月20日，刘少奇回到延安。

叔叔用歌声发动群众

我叔叔参加的是抗敌自卫军，分配在部队文工团。当时我叔叔他们就住在群众家里，在村里组织文化活动，演一些抗日歌曲。在费县的时候，住在房东家里，房东养的鸡下的蛋自己舍不得吃，都留给这些文艺战士吃。

我看到我的家乡板泉镇渊子崖村《扛起大刀长矛，全村上阵杀鬼子》一文，这也勾起了我深深的回忆。渊子崖保卫战发生在1941年12月，这个村有着良好的群众基础，早在这年春天，山东抗日文化协会与滨海地委就在那里举行了“八大剧团联合公演”活动。我的叔叔作为山东抗敌宣传大队文工团员，参加了这次演出。据我叔叔回忆，这次公演持续了两个星期，观众包括各部队与附近群众达万人之多。这次联合公演，也让我的叔叔结识了很多从事文艺工作的战友，更坚定了他做一名文艺战士的决心。

1941年12月，我叔叔所在的抗敌宣传大队来到苏鲁边境，与抗大一分校合并，并同阮若珊、李林(《沂蒙山小调》作曲)、刘知侠(著名作家)等战友一起战斗生活。1943年，我叔叔的小腿经常往外渗脓水，于当年春天和战友王杰(后任山东话剧团编导)转到地方，在玉山区（现为临沭县玉山镇）担任文教助理。两年后调到滨南干校学习，毕业后来到陇海路继续发动群众抗日。

我叔叔离休后，对于抗战时期从事部队文艺工作那段经历记忆犹新，经常情不自禁地唱那些抗日的歌曲。这些在当时流传非常广的抗日歌曲，现在听来依然令人热血沸腾。当年我叔这些文艺战士就是唱着这些歌，鼓舞战士们奋勇杀敌，动员民众抗日的。他还说他唱歌曾感动了一名日本兵，后来这个日本兵加入了反战同盟。文工团的活动在战争年代能起到瓦解敌人的作用。

★八大剧团联合公演

1941年5月17日至27日，由山东省战时工作推行委员会教育处和山东省文化界救亡协会(山东省文协)主持，在沭水县(今莒南县)板泉区渊子崖村举行“八大剧团”联合会演。八大剧团分别是抗大一分校文艺工作团、省妇联姊妹剧团、115师战士剧社、山东纵队教导旅突进剧社、突进三分社、鲁南黎明剧社、山东抗敌自卫军宣传大队、山东纵队鲁艺宣传大队。这次会演演出了《雷雨》《第五纵队》《李秀成之死》等剧目，轰动了当时整个滨海解放区。中共山东分局机关报《大众日报》于1941年5月25日和6月4日分别报道了公演与闭幕的消息。这次会演与1941年6月在莒南县西岭泉村的“十一大剧团”联合会演和1941年8月在临沭县的蛟龙湾的“八大剧团”联合会演，都是山东戏剧史上的盛会，也是全国抗日战争根据地规模巨大的三次戏剧会演。它对于提高戏剧的演出水平，开展农村戏剧运动，鼓舞根据地军民的抗日决心，都起了很大的推动作用。

我 11 岁参加了八路军

口述 / 李美林

~人物小传~

* 李美林

李美林，1928年生，1939年参军，1944年加入中国共产党。抗战时期参加过甲子山反顽战斗、石沟崖歼灭战、血战悬崮顶、挺进诸胶边等战斗，解放战争中参加过鲁南战役、济南战役、淮海战役、渡江战役等。曾先后为万毅、肖华、许世友、谷牧等担任过勤务员或警卫员。1949年4月，李美林在渡江战役中负伤，被安排在华东军政干校学习。干校毕业后，因二等乙级残废离开部队。1950年李美林回到家乡洪瑞区时才22岁。他当时年轻又识字，经常被安排以重要任务。那一年，他带领二千多民工参加临沂飞机场施工，在竣工试航典礼上，作为施工代表发言，题目是《过去人民怕飞机，现在人民盼飞机》。这篇发言稿后来被刊登在了《大众日报》。

1939年2月，坊上村（今临沂市河东区郑旺镇坊上村）来了部队，对村里人特别客气，见到长辈就喊“大爷”“大娘”。几名当兵的和俺爹商量后，在我家支了口大锅烧水，劈柴提水，战士们忙个不停，柴火烧得“啪啪”响。我就想这是什么队伍？对老百姓这么和善。我就问烧水的你们是哪伙的？他说是八路军山东纵队第二支队，是专门打鬼子的队伍。

第二天早晨就听到他们边跑步边唱歌。当时我听不太懂，也记不太清楚歌词了，反正都是些保护老百姓、坚决打鬼子的歌。出完操，他们又来俺家烧水。当时俺家境贫寒，靠出门要饭填饱肚子。部队了解到情况以后，每次都匀一些饭给我和俺爹吃，我对这些人就产生了好感。

部队留下半袋“救命”高粱

那年我 11 岁，上身只穿着一件破棉袄，拉着一根要饭棍子，挎着一个破烂提篮整天要饭。自从八路军进村后，我也不要饭了，天天跟着他们，有时也跟着帮忙提提水、抱柴火。混熟了后，一位姓刘的司令员让我当兵，我说只要能吃饱饭，我就当兵。晚上俺爹要饭回来，我说我要去当兵。俺爹说什么也不同意，说你跟着他们玩两天就行了，队伍走了你再跟我要饭去，我就你一根独苗，你死了谁给我顶老盆。

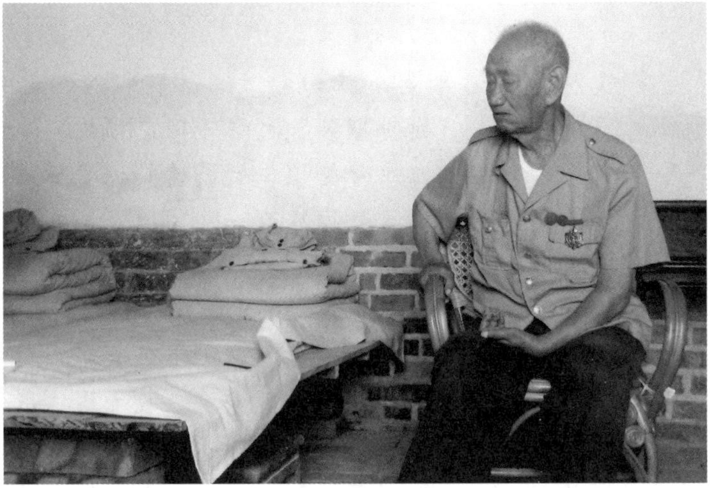

* 李美林老人在 115 师为肖华同志当警卫员时睡过的床，现为 115 师司令部旧址纪念馆的展品

可是我认准了去当兵。我就跟着战士们一起出操，第一天跑了一早晨我没觉得累，反倒觉着怪新鲜。部队上还发给我一支枪，当时都笑话我还没枪高。刘司令还安排我到宣传队，我就提着个罐子跟着他们贴标语搞宣传，顺便也学认字。

部队走的时候，俺爹哭着喊着不让我跟着，去找刘司令。刘司令员说，小鬼跟你在家恐怕要饿死，到队伍上我们会尽量照顾他。咱们闹革命打鬼子，就是为让老百姓吃上饭，过上安稳日子。最后俺爹再三考虑，就同意了。部队在给养十分紧张的情况下，还送给俺家半袋高粱米。

部队离开后在莒县、临沂北、沂水东一带活动，我就跟着宣传队搞宣传，有时在司令部里提茶倒水。当时的战斗主要是锄汉奸、打据点，碰上鬼子能打就打。战斗的时候，我都是留在后方，一开始听说打仗还有些害怕。战友们临出发前总是相互交代：如果自己牺牲了就帮忙捎个信，给家里说声。后来枪声听得多了，我也就不怎么害怕了。

1939 年的五六月份，营里突然告诉我，让我先回家。营部王干事说部队要到沂蒙山支援总部反“扫荡”，说我年龄小跟不上队伍行动。就这样，我们几个年龄较小的被疏散回家。那时家乡汉奸多，又恰逢大旱，地里的野菜、树上的叶子、树皮几乎都被吃光了，汪里的水草也吃没了，不少人饿死了。

部队给的半袋粮食，俺爹一粒也没舍得动，他把高粱米用罐子盛着，埋在床底下。真没想到，那段时间就是这半袋高粱米救了俺爷俩的命。饿极了的时候，就翻出来蒸熟一人捂上一把。以后俺爹每逢吃高粱米就说八路军是好人，爷俩的命是八路军给的。我也日日盼夜夜想，盼望着八路军快回来。

开枪打断了鬼子腿

后来，八路军四大队再次开进我的家乡开辟根据地，我得知消息后，撂了要饭棍就跑到大队部所在的星移庄村，见到大队长王见才喊着要当八路军。就这样我又回到部队继续干宣传队的老本行。

当时汤头区的区长叫祝月，我和高柴河村高荣堂两个人为祝区长担任勤务员，区公所没有固定办公地点，经常转移。

1940 年初，日本鬼子对抗日根据地、游击区进行大规模“扫荡”，我随区公所转移到沂水县铁山下南柳村。我们不敢进村里睡觉，多数住在场地的柴草垛里，完全转入地下。白天隐蔽，晚上出来宣传、贴标语。为了宣传抗日，打击敌人的嚣张气焰，区中队决定打鬼子据点，造造声势。为了摸清敌情，祝区长派我去侦察鬼子驻汤头据点。

我去了汤山，夹在民夫队伍里，扛着铁锨去挖壕沟、修碉堡。干活由汉奸监工，汉奸来了，大家就干，汉奸一走就都不干了，我们就是这样“磨洋工”。

在人群中数我年龄小、个子矮，这天上午，汉奸让我给洗澡的日本女人背衣服。原来是随军的日本女人在温泉洗澡，用的脸盆、替换的衣服要找人拿着。汉奸见我是小孩，身子又单薄，就让我干这伺候洗澡的活。这天下午，汉奸又让我给汤山顶上的鬼子送水。这汤山全是岩石，没法打井，鬼子吃水全靠人工往山上挑。借着机会，我侦察到了鬼子在汤头驻扎的情况。

了解情况后，我就偷偷跑回去做了汇报。第二天晚上，我们区中队摸上了汤山。那真是一场混战，我一枪把一个鬼子的腿给打断了。这场战斗我们干掉了好几个鬼子，缴获了部分武器。鬼子吃了大亏就疯狂地报复，为了让敌人摸不清方向，我们一夜换了好几个地方。但是一天夜里，在小岭子村让鬼子给围上了。夜战我们不怕，天亮前我们突围了，可是有两名战士牺牲、六名战士负伤。这以后的日子更加艰苦了，天天打游击，队伍里不断有人牺牲。

我们政委牺牲时才31岁

1941年鬼子发动大规模“扫荡”，我当时在老四团，部队要机动到外线作战。我们一部分年龄小的战士被留在了沭水县大队。

有一次我们县大队奔袭鬼子的小常庄据点。战前侦察到据点驻有鬼子一个小队，一百多名伪军。参战部队是沭水县大队、山东纵队教导二旅一部(我原先战斗过的二支队)。我们半夜里急行军到达小常庄外围，凌晨开始战斗。本来觉得伪军不经打，可是因为有鬼子坐镇，武器又好，距临沂鬼子较近，这些汉奸来了劲，我们攻了个把小时硬是没打开局面，结果时间一长临沂的鬼子就来增援了。

打援的部队一挺机枪卡了壳，让鬼子冲了过来，双方展开了白刃战。我年龄小拼刺刀不行，多亏战友们掩护才撤出来。这一仗双方互有伤亡，我的好几位战友牺牲了，负伤的也不少。过去我们跟鬼子打仗，吃亏就吃在武器差、子弹少、攻坚没有炮。一般每个战士三发子弹，子弹装在身上整天擦了又擦，那时候领导常说，“要是打不着目标，你给我把子弹追回来”。边区造的手榴弹威力小，有的还只冒烟不爆炸。好在还有鬼子、汉奸给我们“补充”弹药。

1943年底，我从抗日完小毕业，在沭水独立营等待安排，我们营长是陈士法。独立营是滨海军区司令部的警卫部队。当时我们滨海部队把在郯城、赣榆两地的鬼子、伪军打得很狼狈，攻克赣榆全歼鬼子和伪军二千多人后，鬼子进行报复，近千名鬼子偷袭我们滨海区司令部驻地马旦头。

记得那天早晨出操的时候，突然枪声大作，各部队马上迎敌。但还是让敌人冲了进来。敌人猛打一阵后，怕咱们的增援部队来了，急忙撤走。当我们正在打扫战场时，突然听到我们的首长符竹庭（时任滨海军区政委）受重伤的消息。我们奔往政委受伤的地方，发现政委受伤很重已经昏迷。不久传来政委牺牲的消息，我们每个战士都哭了。当时政委才31岁。

★符竹庭

原名符宗仔，江西省广昌县人。1912年出生于江西省广昌县头陂镇边界村。家境贫寒，父母去世，靠祖母帮人做针线活的微薄收入维持生计。1927年秋，参加了游击队，并加入共产主义青年团。1928年参加了工农红军，曾任红一军团第二师政治部主任、八路军115师教导2旅政委，滨海区政委。1943年11月26日，在滨海军区机关驻地——赣榆区西北的黑林镇富林村（具体为马旦头村）遭遇日军，不幸身负重伤，经抢救无效牺牲，年仅31岁，牺牲后被安葬于江苏省赣榆区抗日山烈士陵园。

我给万毅当勤务员

1944年6月，刚满16岁，我就光荣地入了党。我被选调到滨海支队司令部担任勤务员，照顾万毅司令员生活。

1944年冬初，支队在诸日莒山区准备与伪军张步云部作战。支队把司令部设在一个小山坡上，警戒部队设在山坡下的小河对面。上午大家都在休息，突然河北面枪声响起来。万司令员就站到山坡上观察情况，我把望远镜递给他后就站在他身后。万司令员拿着望远镜正在观察，忽然一下子歪倒。我一把把司令员揽在怀里。他的脸被一颗子弹击穿，血肉模糊，我不停地给他擦淌出来的血。万司令员说不出话来，大家都被吓坏了，大声喊“司令员，司令员”。警卫员小陈背起司令员就朝后跑，我紧跟在身旁。这时有通信员来报：突遇五百多鬼子进攻，前哨的同志正在阻击。事发突然，支队首长命令坚决堵住鬼子，保护司令员。部队迅速撤退回根据地，一直撤到日照黄墩。

★万毅

1907年8月8日生于辽宁省金县（今大连市金州区）四十里铺一个农民家庭，满族。1925年3月考入东北陆军军士教导队第4期步兵科，毕业后曾任张学良副官处少尉副官。1929年入东北讲武堂第9期，翌年6月以名列该期学员考核第一的优异成绩毕业，并获张学良奖给的怀表一块、指挥刀一把。后任东北军少校营长、中校副团长，曾积极掩护中共组织在该部秘密开展抗日救亡活动，12月率部参加“西安事变”。全民族抗日战争爆发后，先后随军转战江阴、南京、鲁南等地。1938年3月秘密加入中国共产党。1940年升任东北军第111师333旅旅长。次年被东北军内部反共顽固派逮捕入狱。1942年越狱后到中共中央山东分局，旋因东北军第111师发生事变，经山东分局批准，重返该部任新111师副师长、师长，组织进步官兵与反共顽固派进行斗争。1944年10月，该师改编为八路军滨海支队，任滨海军区副司令员兼滨海支队支队长。抗战胜利后，调任东北万毅挺进纵队司令员，奉命由山东率先开赴东北，1946年1月起任东北人民自治军第7纵队司令员，东满军区副司令员兼辽吉军区司令员，东北民主联军第1纵队司令员、政治委员。参与指挥了四平保卫战，率部参加了三下江南四保临江战役和东北1947年夏、秋、冬季攻势等作战。1948年5月起任东北野战军第5纵队司令员，中国人民解放军第42军军长、特种兵司令员等职。参加了辽沈、平津战役。1955年被授予中国人民解放军中将军衔，1982年被选为中共中央顾问委员会委员。1997年10月31日在北京逝世。

记得在医院有个高个子外国医生给司令员看病。我当时以为是白求恩，后来才知道他叫罗生特，是罗荣桓政委派来的。

检查结束后他微笑着和司令员交谈，当然他说的话我一点也听不懂。记得翻译说：“你很幸运，如果子弹偏上一点，性命就没了；如果偏下一点，会打掉你的下巴，无法吃饭了。现在子弹虽然穿过两腮，打掉了牙，但把牙拔掉后可以装上假牙，既不影响吃饭也不影响说话。相反你会更加漂亮，因为你又添了一对酒窝。”听后大伙都笑了，万司令员也笑了。

锄掉汉奸蒋春之

口述／孙　义

～人物小传～

孙义，1928年出生，临沂市兰陵县尚岩镇新庄村人。1942年参加革命，在115师685团1营3连当通信兵。1942年秋，转任地方武工队开展对敌斗争。抗日战争后期，在部队当卫生员，新中国成立后曾在解放军23医院担任主治医生。由于当年腿部负伤，87岁的孙义走路全靠手扶式小推车。老人虽然行动不便，但是精神矍铄，对当年抗日的经历记忆清晰。不论谁到他家，他都会讲上一段当年的抗战故事，多年来一直如此。老人觉得这样的生活非常充实，他希望把自己的经历告诉更多的人，让历史不被遗忘！

* 孙义

我是1942年2月16日入伍的，入伍以后，我在八路军115师685团1营3连连部当通信兵。我为什么去当兵呢，是被鬼子欺负得没法生活。那时候鬼子在尚岩镇和临枣公路上要建很多据点，各庄都得给鬼子出伕，隔三岔五我就被鬼子汉奸抓去做苦工，给鬼子修炮楼、扛石头。我因为小，个子又不高，大块的石头多半扛不动，没少挨打骂。挨了打，下工后我就跑回家哭。这么干了接近一年，我本家有个哥哥叫孙凤海，是个老革命，他说你在家受这个罪干什么，你去当八路军吧。他就把我送到了部队。这年我才 14 岁。

当时对敌斗争很残酷，那时候咱三面斗争，要对付日本鬼子、投降派汉奸、国民党顽固派。根据地被敌人封锁得厉害，部队的活动区域就小了，咱们的武器也不行，不少战士在战斗中牺牲。上级开始实行主力部队地方化，1942 年秋天我跟着杨振灿到了武工队。

集市上锄掉大汉奸

我们武工队都是在敌后开展隐蔽斗争，当时队员四十多人，上级给我们配发了一挺机枪，二十多支长枪，二十多支短枪。

那时候尚岩以南和杨桥一带是敌占区，咱在这个地方根本不能活动，一活动敌人就知道了。为什么敌人这么清楚，他有特务组织在这里。特务组织在这里，一个是敲诈民财，一个是搜集我们部队的情报。所以那时候上级指示我们对这些汉奸做斗争，先把这些汉奸锄掉。

我们第一个打掉的是蒋春之。大汉奸蒋春之本来是鲁南行署的人，后来他带着枪和钱投靠鬼子，当了日本鬼子直接指挥的特务。蒋春之认识咱鲁南行署的很多领导，不早点铲除他，那咱们的损失就大了。鲁南行署和边联县委下指示后，武工队跟县公安局准备锄掉蒋春之。

蒋春之非常狡猾，警惕性高，两次都叫他逃炮了。上级就专门开了个抓捕分析会找原因，重新定下抓捕策略，就是先摸透他的情况，再制定抓捕对策。

我们了解到，蒋春之的老家在临沂也是大户人家，他们家与梧桐村的宋家有亲戚关系。自从蒋春之当了汉奸以后，宋家就开始找蒋春之当靠山，还把闺女许给蒋春之做小老婆。蒋春之迎亲的日子定在农历的八月十五，蒋春之要在八月十四到向城集上置办结婚的东西。这样上级决定在八月十四 (9 月 23 日) 这天抓捕他。

我们武工队和县公安局的人都化了装。在集市的北边，我们看到蒋春之带着几个随从正逛街，他在集市上转了一圈，没有发现可疑情况，中午就在集上的酒铺里喝起酒来。正当蒋春之大吃大喝时，我的战友陈廷秀掏出手枪对准蒋春之的后脑勺就打，谁知是个哑弹。紧跟着，战友于守平拿枪对准蒋春之连开了两枪，当场把他打死了。

跟着蒋春之逛街的几个汉奸正在旁边酒桌上喝酒，没来得及反应过来，我们的枪就对准了他们。咱们的人还在集上放了几发空枪。赶集的人一下子就乱了，我们就跟着赶集的人撤出来。第二天，上级在向城贴出了蒋春之的罪行告示，老百姓都拍手称快。

1942 年，我们还铲除了汉奸苗士香（音）。当时，苗士香一个人赶完集走在向城东的路上，咱安排了五个人提前爬到树上等着，看到苗士香后，迅速跳下来把他活捉了。第二年（1943 年）夏天，又打掉了尚岩金良喜、王凤池，还打掉了两个日本特务。秋天又逮着了贾传典、刘自探两个叛徒。这样这个地方就清理得差不多了，坏人不敢再活动了，地方环境也好了些。

★武工队 <<<

是武装工作队的简称。最早是中共抗日武装为恢复与开辟敌后游击根据地而组建的一种特殊组织。

武工队组织精干，装备简便，行动灵活。一般由 30 ~ 50 名优秀的军队干部、战士和地方干部组成。通常隶属于军分区并受中国共产党同级地方委员会领导。主要任务是深入日军占领区宣传和组织群众，建立和恢复党的组织，成立秘密的人民政权，打击和瓦解日、伪军，摧毁日、伪组织和政权，配合抗日根据地的对敌斗争，使敌占区逐步变为根据地。武工队对粉碎日、伪军的“治安强化运动”，巩固和发展抗日根据地做出了很大贡献。解放战争时期，武装工作队在新解放区发动群众，清匪反霸，建立人民政权，实行民主改革的斗争中，也发挥过重要作用。

解放贾汪两处受伤

1943 年的时候，形势就有了好转了，我们武工队又归到 115 师 685 团。

记得 8 月份，部队从车辋一带执行完任务，连夜转移到阎老埠村（现属兰陵县新兴镇）。我们刚住下准备隐蔽，就听侦察员说有鬼子来了。鬼子分两路，从东边来一路，从南边来一路。当时执行任务的只有几十个人，咱就赶快撤，往北跑。阁老埠后边有一个小岭，我们顺着小岭西头往北撤，正好碰上了东边来的鬼子。郭副政委说“打”，我们趴下就打。我刚打了三发子弹，日本鬼子就用掷弹筒照着我们打了一炮，正好打着我和李英忠，他被打了屁股，我被打了腿。后来队伍被冲散了，我忍着疼跑到了邻近的曹庄暂时隐蔽起来，直到晚上部队过来找到我，我的腿才得到治疗。

1945 年 8 月，日军宣布投降以后，贾汪（今徐州境内）的鬼子拒绝缴械。那时候我在部队当卫生员，跟着部队打了一晚上没打开贾汪。别的部队打开了突破口，俺那个部队接着也从突破口冲进去了。贾汪是个城镇，进去之后，到一个湖（田地）里，叫鬼子打了埋伏，我们那个汉阳重机枪组长腿受了伤，我就过去跪在那里给他包扎。结果我的腿也被打了一枪，俺那个副营长说你负伤了，下去吧，我说不打紧。我替负伤的战友包扎完，起身后撤时左胸口又被打了一枪。战友们急忙将我抬下来，及时取出胸口的弹片，我这才活下来。

奔赴延安接受红色洗礼

口述 / 于佳艳

~人物小传~

王涛，原名王富春，1915年出生于临沂市沂水县，14岁加入共产党。1937年，在延安抗大学习马克思主义和军事理论。1940年12月起先后任沂蒙、沂山地委书记兼鲁中军区第二、三军分区政委。1950年6月任山东省农林厅副厅长、党组书记。1959年4月任上海同济大学党委书记兼校长。1979年12月在上海市第七届人民代表大会第二次会议上当选为常委会副主任。1986年12月离职休养后，他仍十分关心党的建设和上海的民主法制建设，关心改革开放和上海的发展，主动带病到大别山、井冈山、沂蒙山等革命根据地进行调查研究，向中央汇报，积极为老区脱贫出力。1998年逝世。口述人于佳艳为王涛的孙媳妇。

*20世纪60年代王涛（前排右二）在上海与家人合影

我的祖父叫王涛，祖母叫林柏，作为孙媳妇，过去我经常听二老讲述他们当年的抗战故事。我就谈一谈我印象最深刻的两件事。

冲破千难万阻奔延安

祖父王涛1915年10月17日出生，沂水张家坡镇南流泉村(今属沂源县)人。在沂水县埠前村任教时参加革命工作，1929年6月加入中国共产党。“七七事变”爆发以后，日寇很快入侵到黄河以北。这年的10月，在沂水瑞滹小学当教员的李松舟把延安“抗大”招生的消息告诉了祖父。国难当头，抗日救国是每个热血青年的责任。李松舟和祖父等四人就自筹路费，从沂水向延安奔发。他们知道路途遥远，肯定会面临千辛万苦，但他们下定决心，就是靠两条腿一步步走，也要走到延安。

*20世纪90年代，于佳艳的父亲于兴(左)和王涛在上海合影

当他们走到徐州火车站，见到一群群从华东、华北聚集来的人们。其中，很多是从前线溃逃下来的士兵，还有不少逃亡的青年学生，当时场面非常混乱。看着国破家亡的凄惨场景，更是坚定了他们抗日救国的信念。

陇海路上的火车时开时停，当车行进到一个叫风陵渡的地方时，为了安全通过，避免遇到敌人的空袭，祖父一行不得不下车，趁夜步行。一路上风餐露宿、忍饥受冻，最终于1938年1月5日抵达延安，并被编入“抗大”第三期(前两期是红大)，编班后祖父穿上灰色棉军衣，腰扎皮带，成了光荣的八路军一员，开始了军政干部的学习生活。

祖父常说，在抗大学习期间，党中央领导同志对抗大的教学非常关心，经常去讲课或做报告。毛主席深入浅出的讲话让他们明白了更多的革命道理，找到了克服悲观论、速胜论和如何打败日本侵略者的方向。

祖父在抗大学习期间除了理论学习、集体讨论以外，闲暇时，他就和战友们唱《义勇军进行曲》《游击队歌》《延安颂》，相互鼓舞士气。用祖父的话讲，当时的延安到处是“一派团结、紧张、严肃、活泼的景象。”

回到家乡抗战

在毛主席“派兵去山东”的指示下，1938 年 8 月，在黎玉、张经武率领下，我祖父和 160 名抗大、陕北公学毕业的学员、红军干部、白区工作干部从延安出发，回到山东老家，开展抗日工作。

> **★黎玉**
>
> 又名李兴唐，1906 生，山西崞县（今原平）人。1926 年加入中国共产党。任中共北平市委职工部部长，中共天津市委书记，中共唐山市委书记，中共山东省委书记。“七七事变”爆发后，在山东领导抗日武装斗争。黎玉长期担任山东党的主要领导，为开创山东的抗日新局面做出了重大贡献。解放战争中，为保卫和建设山东解放区，粉碎国民党的全面进攻和重点进攻做了大量工作，使解放区的土地改革和工商经济得到迅速发展。中华人民共和国成立后，任上海市委秘书长，第一机械工业部副部长，第八机械工业部副部长，农机部副部长。是中共第七届中央候补委员，第三、五、六届全国政协常务委员。1986 年 5 月 30 日在北京逝世。

祖父和祖母走到一起是件富有传奇色彩的故事。据他们说，抗战初期的沂蒙山区，鬼子只要出来大规模“扫荡”，民众就会躲到山洞里。有一次，祖父和祖母碰巧避到了同一个山洞，一避就是七天。由于祖母当时还未出嫁，担心和祖父同处一个山洞会毁了自己的名声，于是假装威胁祖父说“如果你不娶我，我就毙了你。”俩人就是在这种情况下确定了夫妻关系。

1941 年冬天，鬼子向沂蒙山区根据地进行大规模“扫荡”。当时，祖父考虑到沂水王庄一带地理位置偏僻，便与部队上的一支后方医院从沂南县刘家峪转移到这里，并在这里挖了十七八个山洞。

山洞挖好不久，祖父又协助医院把伤病员转移进山洞。这次“扫荡”，沂水四区的党政干部大部分也转移到沂水县王庄一带隐蔽。

1942 年秋天，祖母患病，组织上安排她到王庄附近的山洞休养。这次，祖父将祖母送过来，祖母在这里疗养了一年多，身体康复后又重返工作岗位。

1943 年 3 月，祖父被组织任命为沂蒙地委副书记。当时临沂既有敌占区又有游击区，还有我们党领导的根据地，情况复杂，环境艰苦，除了对付日伪军的“大扫荡”、打鬼子、打汉奸，还要应对国民党顽固派的不断制造的摩擦，我祖父不顾个人安危，按照党的要求，积极做好各方面的工作，领导沂蒙地区各县、区军民组织反“扫荡”、反摩擦、斗敌顽，发动人民群众开展减租减息，保证了抗日民主政权的稳固。

★派兵去山东 ＜＜＜

早在 1938 年初，毛泽东就考虑派部队去山东。同年 4 月，山东省委书记黎玉赴延安向毛泽东汇报工作时提出派一个主力团去山东。毛泽东当即表示同意，并认为一个团是不够的，说还要多派去一些。11 月 25 日，毛泽东、王稼祥、滕代远致电彭德怀指出：“陈(光)、罗(荣桓)率师部及陈旅主力(两主力团)全部去山东、淮北为宜。”12 月，朱德、彭德怀按照电报精神向陈光、罗荣桓下达了命令，要求已到达晋东南附近的第 685 团以苏鲁支队名义先行入鲁。为了在挺进山东时避免国民党当局的干扰和阻挠，115 师挺进山东部队改名为八路军 115 师东进支队。

1938 年 12 月下旬，陈光和罗荣桓率 115 师师部和 686 团(685 团已先行出发)从晋西灵石向山东进军，途中要穿越日军的几道封锁线，有人把这次东进称作“小长征”。

115 师主力部队挺进山东，创建了鲁南、鲁西等抗日根据地，并与华中、湖西、鲁中、鲁东南根据地建立了联系通道，打开了山东抗战的新局面。八路军 115 师暨山东军区所创造的山东抗日根据地及建设根据地的经验，数十万部队及建军作战的经验，不仅对夺取山东抗战乃至全国抗战的胜利有巨大作用，而且对夺取解放战争的胜利以及中国人民解放军的建设也做出了重大贡献。

红军改编为八路军时，115 师全师 1.55 万人，入鲁部队万余人。到 1943 年 3 月新的山东军区成立时，115 师已发展到 7 万人，山东纵队(山东军区)为 6 万余人。到 1945 年 8 月，这支部队已经扩大到 27 万人，约占当时共产党领导的军队总数的 22%。

让我爆破从不怵头

口述 / 康传秀

~ 人物小传 ~

* 康传秀

康传秀，临沂市平邑县地方镇康太庄村人，1926年出生。1944年加入县大队，同年加入“老八师”，在铁路沿线地区参与抗日行动，1946年加入中国共产党。解放战争时期，加入华东野战军第三纵队，1949年因伤复员回到平邑老家。谈起战争往事，康传秀依然充满自豪。因为受伤，康传秀无法进行重体力劳动，老伴挑起了家里的重担，康传秀很感激妻子数十年如一日的付出，也感谢今天的幸福生活，他常说：“现在的生活都是党给的，我一定会好好珍惜。”

俺是1944年参加革命的，那时刚18岁。抗战时期，主要执行了几次爆破任务，虽然危险，但幸运的是我还能活下来。现在虽然年龄大了，记性差了，但抗战打鬼子的那些事，永远忘不了。

执行了三次爆破任务

抗战后期，部队在离咱临沂这边不远的铁路沿线活动。其中，在枣庄、滕县等地方，组织派俺执行了三次爆破任务，炸死了不少鬼子。

那时候，鬼子占领了枣庄，把煤炭通过轮船往日本运。咱们队伍接到上级指示，对那里的鬼子发起进攻。领导给俺下了任务，让带着炸药包去炸鬼子的一个碉堡，我一听说行，就是牺牲了也要完成任务。在炮火的掩护下，抱着炸药包就冲过去，冲到了碉堡下面，引爆了炸药，炸掉了碉堡。

后来，我们转移到了滕县，那时候的滕县县城四周都是很深的护城河。说来也奇怪，那时候我们的队伍打到哪里哪里下雨，给我们的战斗带来一定的帮助，对进攻很有利。趁着下大雨，我们突破了一道城墙，继续往里突击，又突破那道围墙。再进去就到了一座鬼子驻扎的大楼。领导告诉我，我的任务是炸掉这座大楼。我慢慢地往大楼那边靠，再往前就是围着大楼的一圈圪针（荆棘），到了那里还得慢慢地钻进去，费了很大的劲。小日本的枪打得可激烈了，他知道是去炸他的，稍不注意就叫枪子打着了。带着炸药往前爬了一会，我就躺在那里，人仰着抱着炸药，用脚蹬地慢慢往里挪。这边咱的枪也打得很激烈。得压住鬼子的火力啊，不压住他的火力，他伸出抢来不就打着了吗。那时候宁可叫打着人也别打着炸药，打着炸药立马就炸得连人影也不见了。过很久才到了那个楼下把那大楼炸了，把里面的日本鬼子都炸得飞上了天。那场战斗真是激烈，我们一个姓王的师长牺牲了。

让我爆破我从不怵头，我牺牲了是为国家。再后来，我们的队伍又去一个叫作峄县（音）的地方。攻打那里的时候也非常艰难，领导下命令让我进行爆破。接到任务后，我背上炸药就爬了过去，这炸药一炸，我就什么都不知道了。等我醒来，已经被送到了医院。战友们说我被炸药震伤，昏迷不醒，是他们把我从前线给抬回来的。现在回想起来，三次爆破都没有把我自己给炸死，真是万幸，战友们都说，康传秀这命真大啊。

不管在干什么都要为群众

我今年 90 岁了，党龄 70 年。参加革命后我抗战打过鬼子，参加过解放战争，1949 年后我才复员回来。回顾这些年，我心里抱准的就一条：好好干工作，多做对人民有利的事情，心里不能想着歪门邪道。那个时候，我们就是一心想着打败鬼子、解放全国。

共产党员就是要记住一条，要有国家观念，不管在哪里，干什么都要为群众服务。你们年轻人要相信我，把这句话记一辈子。

我一辈子践行入党誓言

口述／周恩恒

~人物小传~

*周恩恒

周恩恒，1918年出生于今临沂市高新区马厂湖镇杭头村，1934年就读于山东省立临沂简易乡村师范学校，利用业余时间学习中医、针灸技术。1938年5月参加抗日联庄会。1938年9月入党，同年因家中母亲生病，返家。在家期间积极搜集地方鬼子、汉奸情报，及时提供给党组织。70年来，周恩恒在乡里义务行医，免费替人针灸治病。说起为什么给别人看病不要钱，老人说：“我是在践行当初的入党誓言！”

我15岁考进省立临沂简易乡村师范学校，我的班主任叫高树屏。

这一年开始学校改为四年制，前三年我在学校主要以课堂学习为主，第四年实习，当时学校没有统一教材，大部分教材是老师自己编的。学校教研氛围很浓厚，有武术、书法、英语等课外小组。我对中医、针灸感兴趣，课余时间就跟着班主任高树屏学中医，学针灸。那时候正好是“九一八”事变之后，全国掀起抗日高潮，我们乡师在高树屏的领导下，去外面集市宣传爱国道理，我们当时都不知道高树屏是共产党员。

加入联庄抗日军

临沂城沦陷前的一段时间，我们乡村师范有些学生转移到安徽阜阳继续上学，我当时选择了回家。

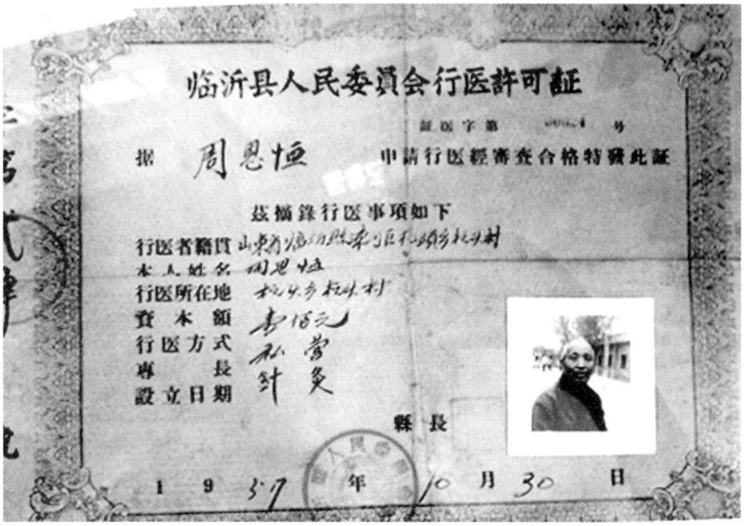
临沂县人民委員会行医許可証

据 周恩恒 申請行医經審查合格特發此証

茲摘錄行医事项如下

行医者籍貫

本人姓名

行医所在地

資本額

行医方式 私营

專長 针灸

設立日期

縣長

1957年10月30日

* 新中国成立后周恩恒的行医许可证

临沂是3月19日失陷的。那时候俺庄上有一个共产党员叫张玉枢，组织成立联庄抗日军。他当过教师教过我，我就跟着我哥周恩荫一起参加了张玉枢的队伍。当时俺庄有二十几个人加入联庄抗日军，俺老周家就有七个。因为没有粮食吃，上级没有供给，我家里那时候种三十多亩地，我就捐献了560斤小麦做军饷。在我的带动下，老苏家、老韩家每家捐了800斤。由于我读过书，张玉枢就叫我当总务。

由于杭头村距临沂城不远，在鬼子眼皮子底下，为避免鬼子报复村里人，我们转移到杭头村东北西墩村外的大庙里驻扎。这年刚割完秫秫，有个日本便衣来我们驻地，声称是江苏难民，一路避难来到这里。我们问他鬼子都打进临沂城了，你不赶紧带着老婆孩子躲难，怎么还跑到鬼子的眼皮底下来了？对方支支吾吾答不上来，再看他的肤色，一看就不是难民，应该是鬼子的便衣。我们顺势就把他捆绑起来，押送到上级审问。果不其然，鬼子是打算来进攻我们。

打死掌旗的鬼子

那时候正是血战台儿庄的前期，联庄会一大队已经发展到八十多人。党员董少白在延安抗日军政大学毕业后，受党组织派遣回到家乡，在临沂西部开展抗日宣传，这一天他和中共临沂特别支部书记韩去非来到我们驻的西墩村大庙，跟队长张玉枢对接工作。

为了安全起见，我把董少白、韩去非和张玉枢送到西墩村的郑朝申家，让三人在那里秘密对接。到了中午，我回到大庙招呼队里的同志们吃饭。还没等开饭，来人报告说有五百多鬼子从临沂城出来，正朝这儿走，已到了城西七里沟。我们马上准备迎战。接着又有人报告说鬼子到城西三岗店子村了，当时我们猜想，鬼子应该不知道我们驻在大庙的情况，当时国民党张里元的部队驻在西墩村不远处的岑石村，鬼子应该是去打张里元的。

不管鬼子打谁，我们都有义务打鬼子。我们一大队八十多人分成四个小队，在道沟村外准备打埋伏，结果鬼子先向我们开枪，一个鬼子军官摇着旗，指挥着两个机枪手在前头打、一个在后头放钢炮，打得咱这些人抬不起头。我在学校学过军事训练，三百多人里我是射击第一名。我就定了个 1500 米的射程，一枪把掌旗的鬼子撂倒了，接着又把机枪手也撂倒了。撂到后鬼子就不放枪了，光放钢炮。韩去非、董少白和俺大队长

★张里元

山东定陶人，国民党陆军中将。1922 毕业于北京大学政治系。曾任冯玉祥第二集团军司令部军法官。1936 年任山东省第三行政区保安司令。1940 年任山东省第一游击纵队司令。1944 年任鲁南军区司令官兼 36 师少将师长。抗战胜利后，曾任参谋总部中将高参。

1937 年冬，中共苏鲁豫皖边区特委书记郭子化至临沂与张里元洽谈，使之接受了共产党的联合抗日主张，与共产党建立了统战关系。1939 年夏，国民党掀起第一次反共高潮，山东的顽固派气焰嚣张，张里元此时也不再同共产党合作抗日，而大肆宣传“剿共第一，抗日第二”，不断袭击八路军和地方抗日民主政权，制造摩擦和流血事件。

1941 年 1 月，张里元被撤销专员职务。此后张里元率残部逃至郯城、邳县、宿迁一带，部队编为鲁省游击第一纵队，张里元任司令，继任国民党鲁南军区司令官、山东省政府委员等职。上海解放后被人民政府逮捕审查，不久释放。1975 年在上海病故。

3 个人问我什么情况啊，我把情况一说，这些人抱着我的腿把我一下子抱起来，说幸亏有小兄弟啊。

这次战斗鬼子损失惨重，我们也有伤亡，我的战友于占奎就牺牲了。没过几天，韩去非送来了八十多套新军装，由我分配给一大队的战士们，鼓励大家积极抗日。

我丢了党籍

再说我哥周恩荫。1938 年 9 月，我们一大队在古城村驻防，一位扛着铁锹的便衣被我们发现了。我哥周恩荫上前与这名便衣厮打，最终制服了他，押送给了张里元。为了鼓励我哥的积极抗日行为，张里元嘉奖给我哥 300 块大洋，我哥就将这 300 块大洋送给了牺牲战友于占奎的家属，算是抚恤和宽慰。

一天晚上九点左右，我和张玉枢一共五个人来到古城村东南麦场，张玉枢提议成立中国共产党临沂城西第一个党支部，我们的任务就是打倒日本帝国主义，收复我们的大好山河，建设新中国。现场由张玉枢作为我的介绍人，介绍我入党。我站起来说："为了打倒日本帝国主义，我志愿加入中国共产党，忠于国家民族，拯救劳苦大众。"张玉枢还反复交代大家："越是在危险的环境下越要严守党的秘密，严守同志们的身份。"

入党不久，我母亲身患重病需要人照顾，我申请回家。回家前，张玉枢交代我，回了家也要经常与组织保持联系，做好地方侦察工作。

回家以后，我牢记着张玉枢嘱咐。1939 年秋，鬼子在城前村杀害了一名八路军干部，我了解情况后向一大队汇报，张玉枢带着五十多名战士和鬼子在村外麦地里打了一仗。12 月，我们村一位姓韩的村民家办喜宴，临沂城四十多个伪军路过时抢走了喜主家的粮食和酒席。我及时向一大队汇报，张玉枢带人在村外守着，打了汉奸们一个措手不及。1940 年 10 月，我侦察到在罗庄窑南头村驻有五十多个汉奸，没什么战斗力，我就告诉一大队端了这个据点，缴获五十多杆枪和 5 匹战马。

那时候，一大队明面上属于王洪九，其实暗地里早成了咱共产党的队伍。

1940年6月，王洪九的部队驻在方城，张玉枢的一大队驻在罗庄的涧头村。王洪九连续下了两道命令给张玉枢，调一大队人马去方城帮防，张玉枢没有去。王洪九就下了第三道命令，张玉枢这才去了，结果没几天，我就得知他牺牲的消息。

张玉枢是我的直接上线，他牺牲了，我也失去了与组织的联系。后来我多次试着联系，都没能和组织联系上。我虽然加入了共产党，但是现在是没有党籍的。后来，我在家开了个诊所，为乡亲们看病、针灸都不要钱，这也算我一辈子在践行入党的誓言。

用大刀突袭砍死仨鬼子

口述／徐太荣

~人物小传~

徐太荣，1925年生，1940年参加抗战，成为山东滨海军区25团的一名战士，曾参加莒城战役、土城子战役、甲子山战斗。后于济南第九独立通信团转业，曾担任莒县邮电局局长。平日里徐太荣老人非常关心时政新闻，对科学发展、中国梦等名词张口就来。他常说，我最大的愿望就是实现中国梦。

＊徐太荣

我是1940年当的兵，参加对日作战很多次，其中，最难忘的是土城子突袭战。

当敢死队员带大刀片突袭

到1944年，咱山东抗日根据地进入局部反攻阶段，上级开始安排打莒城战役。就在这个时候，我们接到了任务——突袭土城子据点。

土城子据点在莒南边上，打掉这个据点，就打掉了一个障碍。当时是死任务，要求必须完成。俺所在的部队经过仔细研究，准备组织13个人当敢死队，在夜

★莒城战役

抗战时期，莒城位于鲁中、鲁南、滨海三个战略区的结合部。日军自1939年6月第二次占领莒城后，便将其作为“扫荡”“蚕食”抗日根据地的屯兵点。守城的日军、周边十几个碉堡的日伪军达4000多人。面对这样一个防范严密、工事坚固的城市，山东军区决定智取强攻双管齐下。1944年春，先后派谷凤鸣等29人打入莒城，对伪保安大队副大队长莫正民进行策反，争取里应外合、解放莒城。对莫正民部争取工作成熟以后，1944年11月14日，我八路军滨海军区召集滨海军区四团、六团、十三团、鲁中军区一团等主力部队共1万余人，沿着莒诸公路70公里的战线，发起莒城战役。29日，在我军的攻击下，守城日军仓皇弃城逃窜，我八路军和民兵乘胜追击并收复了莒县全境。此次战役，共攻克日伪军据点16个、碉堡50余座，解放村庄700多个，人口30多万。

里突袭，我是当中的一个。执行任务时，大家都换了衣服，穿着便衣。一人配一个大刀片，要求不准放枪，不准扔手榴弹，不准弄出声音来，防止打不下据点又引来外面的敌人。咱们13个人，对付据点里的36个敌人。这样算起来咱1个对他3个，当中咱还余1个。班长就当机动人员，负责发信号，发出信号我们就动手。

*解放莒县

我们摸过去之后，敌人还没察觉。我是第一个进去的，冲过去就砍，“咔咔咔”杀了3个。突袭就不能迟缓，一迟缓鬼子就有准备了。其他战友也冲进来，有杀2个的，有杀1个的。一场拼杀，最后咱也牺牲了10个人。

打完这一仗，13个人当中就我一个是完整的。现在的人要是看到那情景，脑子都会炸，为什么？那个惨烈啊，别管是自己人还是日本鬼子，被杀了都会流血，他的人咱的人加起来死了不下三四十个，遍地是血，看不下去。

抗战胜利的那会儿，我们正在莒南相邸开大会，山东军区政治部主任肖华给我们做报告。正讲着来电报了，说日本鬼子无条件投降了，大伙一下子热闹起来，会也不开了，都要去收复失地、收缴敌人的武器。

都是靠了沂蒙精神

抗战胜利了，全国解放了，现在过上了好日子。靠了啥？都是靠了沂蒙精神。我们这些参加过抗战的人都知道，群众是创造历史的英雄，那时候抗战咱的根就是群众。伤员昏迷了，沂蒙红嫂救伤员，缺医少药来不及，就用奶水去救活伤员，那是冒着危险啊，一旦暴露了都得被杀。这份情咱当兵的能忘了吗？这就是沂蒙精神。

第一次打仗就立了功

口述 / 郭义生

~人物小传~

郭义生，1925年生，临沂市费县石井镇沙家店村人。1944年1月参军，被编入八路军115师5团2营，同年10月加入中国共产党。在部队先后任战士、通信员、班长、排长、连长。抗战结束后，参加过鲁南战役、孟良崮战役、济南战役、淮海战役、渡江战役、抗美援朝等。1982年离休，现居临沂市费县安享晚年。说起过去的战斗岁月，郭义生念念不忘当时和老百姓之间的鱼水情深。他说，我们那个时候打仗都指望老百姓，咱沂水明德英乳汁救伤号，其实她是个代表，这样的人找能找出个三百五百的。那时候有的战士让炮崩得拉屎都得别人帮助，有的不能吃饭，苍山医院附近的妇女志愿队就挤了乳汁用调羹喂他们。

* 郭义生

这些年，年纪越大越思旧了。一想起抗战打鬼子那时候，就想起那些战友，那些战死的、饿死的、冻死的，还有累死的首长、同志们。咱那华东烈士陵园我不能进去，进门就哭，那个烈士灵堂更不能进，一看都是我们部队的人，一个班的、一个连、一个营的，过去整天在一块的都死了，眼泪就干不了。

第一次打仗就立了战功

我 19 岁参军入伍，在八路军 115 师 5 团 2 营。当兵走的时候，我记得就带了一个毡帽头、一件大襟袄、一条棉裤，还有一双俺娘给做的布鞋，就这些行头。

*年轻时的郭义生

当兵不到十天，部队来了任务，说是去打李子赢。李子赢的敌人有五六百，驻守在苍山县南桥镇坊前。我们二营的任务就是消灭他们。那时作战武器很差，出发时我拿着一支三八式步枪，班长只发给三发子弹。接上火射击时，还有一颗是“臭弹”。副班长邱集太和八班刘班长负责去炸炮楼，把炸药埋在了敌人的炮楼下，炸药一响，敌人三个角上的炮楼被炸了个粉碎，我们突击班就往里冲。我当时没有军装还穿着便衣，冲进炮楼后，敌人还以为我是个老百姓，就没逃跑。我赶紧大喊这里有敌人，同志们快来啊。敌人一下子都愣住了，知道反抗也没用了，吓得躲在小屋里不敢动弹。战友们冲进来，缴了敌人的械。

打完这次仗团里开庆功会，团长还专门点名表扬了我，说小鬼当兵不到十天，就这么勇敢，站起来让战士们认识认识吧！

白刃战刺死三个鬼子

打完李子赢的敌人，正月底二月初我们接着去打鬼子。当时鬼子在崖头有一个据点，在三和庄有一个据点，枣庄东北角的上冶还有一个据点。我们部队十几天的工夫就把这三个据点拿下了。攻打完上冶，又去攻打苍山的北庄。北庄据点鬼子数量多，加上路程远，我们打了一天没打下来。没打下北庄，敌人就反扑过来，战斗打得很激烈。当时有三个鬼子冲着我来了，我一看都跟我年龄差不多，那时候又刚学过三个月刺杀，我就想我还怕你吗。我先去刺后边这个，刺倒以后又刺那俩，结果三个都让我刺死了。

1944 年，我们部队打了几个大汉奸。1945 年刚过了年，我们又攻打蒋古崖的王洪九四大队，紧接着就打运河北面邳县的鬼子。邳县闸口庄住了二三十个鬼子，我们五团打了一天一夜，打下了闸口村。6 月份，五团又到郯城海子庄歼灭了汉奸“梁麻子”。1944 年以后，咱临沂这片打了不知道多少仗，有的小仗都记不清了。那年沂河以西，兰陵以东，南到运河，西到蒙山，鬼子汉奸都被彻底消灭了。

★王麓水

* 王麓水

八路军高级指挥员，1913 年生，江西萍乡人。1932 年 5 月加入中国共产党。曾任红 4 军排长、连长、连政治指导员，红 1 军团政治保卫局科长、第 2 师 5 团特派员，参加了中央苏区历次反“围剿”和长征。到陕北后，任红 1 军团第 2 师 5 团政治委员。

抗日战争全面爆发后，任八路军第 115 师 343 旅 685 团政训处主任，参加了平型关战斗。战斗中身先士卒，负伤后仍坚持指挥。1940 年随陈士榘率部挺进山东，任第 115 师教导 2 旅政治部主任，参与创建滨海抗日根据地。1942 年起任山东纵队第 1 旅政治委员，中共鲁南区委书记兼鲁南军区政治委员，率部多次粉碎日伪军的大“扫荡”和国民党顽固派的袭击，成功地指挥了平邑松林村伏击战和微山湖解围战等战役战斗。同时，组织根据地军民发展生产，实行减租减息，坚决贯彻执行党的政策，及时纠正了“左”的偏向，为巩固和发展鲁南抗日根据地做出了卓越贡献。

1945 年 8 月任山东军区第 8 师师长兼政治委员，同年 12 月 12 日率部围攻滕县（今滕州市）城，亲临阵地前沿哨所观察地形，指挥作战，不幸身负重伤，于次日牺牲，时年 32 岁。鲁南军民为了纪念王麓水将军，曾将滕县一度改为麓水县，滕县中学一度改为麓水中学。华东三纵把军报命名为《麓水报》。新中国建立后，人民政府将王麓水的遗骨迁至临沂烈士陵园 (1986 年 10 月改称华东革命烈士陵园) 内安葬。陵墓上镌刻着董必武、谢觉哉、罗荣桓、陈毅等领导人的题词。

鬼子投降了！

1945年鬼子投降的那天，我们部队正在苍山县北朱村开会，正开着会，电台的译电员跑出来了，没戴帽子，褂子的扣子也没扣。首长正在那里讲话，他也不报告首长，两只手举着在那里一个劲地喊，说报告一个好消息啊，鬼子投降了！鬼子全部投降了！战士们一听鬼子投降了，那个高兴劲别提了，有的高兴得跳起来，有的高兴得站不起来了，有的光哭。司令员胡大荣眼泪哗哗的。

鬼子投降后，我又跟随部队打了滕县、峄县等几场仗。王麓水就在那里牺牲的。王麓水在八路里面爱兵如兄弟姊妹，歌唱他的歌到现在我还会唱，“王故师长家住江西萍乡县，他是中国共产党优秀党员……出身佃户受过饥和寒，他有觉悟参加了中国共青团……民国二十六年，鬼子进中原，他带领到敌后方开展游击战，接受党的指示来到咱鲁南，又艰苦又奋斗南征北战……”那个时候在咱们鲁南地区，大人小孩，老的少的，没有不会唱的。

我经历的解放临沂城战斗

口述 / 韩振阶

~人物小传~

* 韩振阶

韩振阶，临沂市莒南县板泉镇东韩岭村人，1943 年入伍，1944 年入党。抗日战争时期任民兵游击队通信员，参加过解放临沂等战役。因身体受伤落下残疾，新中国成立后退伍，在村里当过村干部，后来住进干休所疗养院。回忆起抗战岁月，老人对解放临沂的战斗至今难忘，对牺牲的那些战友难以忘怀。为纪念抗战胜利七十周年，国家决定对抗战老兵给予一次性补助，这让韩振阶老人感慨万端。他说，那些死去的战友连人民币什么样都没见过，跟他们比自己不吃亏，只有感激。

1945 年 8 月 15 日，日本投降，驻在临沂城的鬼子跑到枣庄去了。鬼子一跑，让汉奸捡了个空子。大汉奸许兰笙、邵子厚悄悄把汉奸王洪九的部队招进城里。城里本来就有日本鬼子留下的大量军火，这样他们就更人强马壮了，汉奸们很嚣张。

咱们的部队是 8 月 17 日晚上开始攻城的。开始打的时候，用炸药炸，据说那个城墙厚 12 米，上面都能跑汽车。所以咱用炸药炸了两晚上没炸开，罗荣桓司令员一看不行，就又换了措施，架梯子攻。到城墙根还隔着壕沟，壕沟两丈多宽，水又很深。好不容易冲过壕沟竖起梯子，结果梯子离城墙上头还差好几米。没办法就找铁页子接，把梯子接起来。梯子可以了咱们的人就往上爬。等梯子上爬满了人，敌人就往下撂八八式炮弹，这种炮弹既能当炮弹用也能当手雷用。炮弹撂下来，梯子就都被炸断了。咱的伤亡和损失就大了去了，受伤轻的还能爬出来，隔着壕沟，那些重的伤号根本抢不下来。七月份天气很热，那些牺牲同志的尸首都臭了。我记着临沂城东那个老桥上，早上出日头的时候，在桥西头向东看，桥身铮明一片，那都是咱抬伤号经过时伤号淌下来血啊，把桥都染红了，太惨了。

敌人晚上也守得很严。他用大锅盛满油，弄个棉花球放里面点着，呼呼地烧，十几米一个照得铮明，晚上也没法攻城。

咱这边首长一看两个措施都不行，就换办法，把特务团从日照那边调过来挖隧道。花了几天几夜的时间把隧道挖好，上面来了命令，说是抓紧装好炸药，明天早上八点拉导火索炸墙。我们用大棺材做了个大炸药包，非常重，几十个人抬不动，就又给装上轮子，推到隧道里。咱安好炸药，敌人还不知道，结果炸药一响，天崩地动，把城墙外墙炸倒了一大片。这时候咱的冲锋部队就开始冲了。当时老四团先冲进去，冲进去后

★解放临沂

1945 年 8 月 15 日日本宣布投降后，驻临沂的日军于 8 月 16 日逃往枣庄。城内伪军将伪沂州皇协军王洪九一部接入城内，企图凭借坚固工事和日军逃走时留下的大批武器弹药及粮食固守顽抗。17 日，八路军滨海、鲁中军区部队各一部向临沂发起进攻，当即攻战临沂城四关。20 日和 22 日，两次攻击城垣未果，尔后于城西北角进行坑道作业，以爆破配合总攻。9 月 10 日晨，以 4000 斤炸药将城墙炸开三十余米宽的缺口，突击队与伪军争夺突破口近两个小时。突破口又被伪军夺回。当晚八路军又进行连续爆破，与守军展开逐屋争夺。伪军 5 次施放毒气，未能阻止八路军的进攻。11 日 7 时，八路军占领临沂城，共歼灭伪军二千余人，未走的日军头目金城恒硕，王洪九部参谋长陈维章、临沂伪县长韩文龙、临沂伪保安大队长许兰笙，费县伪县长韩金声、费县伪保安大队长邵子厚被生擒。至此，胶济路南根据地内除安丘外，已全部解放，使鲁南、鲁中、滨海三个区连成一片。

又让敌人硬给打出来，敌人还想拿砖把炸开的豁子给堵死。咱能让他堵吗，又把鲁中十一团调过来，两个团一块往里冲。等咱的部队冲进了城，敌人有投降的，也有顽抗到底的，还放了毒气，双方伤亡都很大，最后还是把临沂城给解放了。

临沂城全部解放后，罗荣桓在广场上阅兵，对我们说“同志们辛苦了”，我们都说“首长辛苦了”。阅完兵，开了庆功会，接着开公判会，让同志们发言怎么处理抓着的那些大汉奸，当兵的声音很一致，都是“为烈士报仇”。这样，被抓的大汉奸们就都被枪决了，记得还枪决了一个恶霸地主。

钢八连保卫了俺朱村

口述 / 王克昌

~人物小传~

王克昌，1930年生，临沂市临沭县曹庄镇朱村人。抗战时期，多位部队首长住在他家。淮海战役时参加支前运输队，和村里20多位乡亲一起，将粮食、衣物等各种急需物资送上战场，为战争胜利做出了贡献。2013年习近平总书记到山东视察，专程前往朱村看望了王克昌这位老支前。

* 王克昌

* 朱村战斗遗址钢八连英雄雕塑

俺庄来了八路军

共产党是1939年的腊月来我们村的。当时来了个叫张开华的，说是东北办事处的主任，以后白涛又来了，白涛其实叫刘白涛，他来到后就住在俺家。后来成立临沭县抗日民主政府，他是第一任县长。1944年正月召开拥军大会时，当场有390人报名参军，成立的部队就叫“白涛营”。

> ★刘白涛
>
> 曾用名白涛，安徽凤台人，1914生，1938年2月参加革命，同年10月加入中国共产党。抗日战争时期，任国民革命军新编第六师连指导员，八路军山东纵队团政治委员、115师东进支队大队政治处副主任、主任，中共苍马工委书记兼苍马办事处主任，临沭县抗日民主政府县长，中共临沭县委书记，鲁南专署第四行署主任，中共滨海地委委员，滨海专署第二行署主任，滨海行政公署第二专署专员。解放战争时期，任中共滨海地委委员，滨海专署副专员兼滨海军分区武装部部长，中共滨南工委书记，胶济铁路张店办事处党委书记、主任，浙赣铁路局军代表。新中国成立后，任杭州和上海铁路分局局长、党委书记。后参加抗美援朝，任中国人民志愿军铁路指挥局副局长、铁道兵副司令员。回国后，任上海铁路局副局长、上海铁路局党委书记，铁道部党组成员、副部长等职。

1939年以后，不断地有部队驻在俺庄。1941年春天，又从河南来了个三大队在俺庄上住了一年。滨海独立营住了一段时间，老四团又在俺庄整训，驻了三年。那时候俺就跟老四团混熟了。老四团驻在庄里，对老百姓特别好，在大街两边挖了排水沟，给靠大街住的村民垒上了粪池子。八路军战士住在谁家，每天早晨他家里就不用挑水、扫院子了，这些活八路军战士就都给他包了。

鬼子打到了朱村

那是1944年，我记得是腊月二十七，听说鬼子从大哨打过来，走的是郭庄。独立营二连先迎上去和鬼子交上了火。可是独立营二连武器差，都是“老套枪”“汉阳造”，子弹又少，没抵挡住，就从郭庄往这撤。正好让老四团八连站岗的人遇上了。老四团八连连长鄢思甲和指导员谭沛然很警觉，来不及向上级报告，

★肖华

又名肖以尊，江西省赣州市兴国县潋江镇肖屋村人。1916 年 1 月 21 日生，1985 年 8 月 12 日逝世，中国人民解放军高级将领。参加过土地革命战争、长征、抗日战争、解放战争。中华人民共和国成立后，历任空军政委、原总政治部副主任、主任等职。1955 年被授予上将军衔。

1941 年 12 月，肖华任第 115 师政治部主任，兼山东军区政治部主任。从这时起到抗战胜利，肖华在山东工作期间，协助罗荣桓指挥山东军民粉碎了日寇的频繁“扫荡”，积极开展对敌政治攻势，争取了四股伪军先后反正，并使之改造成为一支新型的人民军队。在领导整风运动、精兵简政，开展“铁的模范党军活动”等项工作中，坚持从实际出发，保证了各项运动的顺利进行，胜利完成了中央军委提出的各项任务，使山东抗日根据地不断巩固和发展。

马上紧急集合迎着鬼子打上了。

鬼子很快打到了朱村。听到枪响，好多老百姓就开始往外跑，就听到八连的战士们大声喊着，老乡们，别害怕，我们是老四团八连的，我们一定把鬼子

*肖华（前排左一）、陈光（前排左二）、邝任农（前排左三）、杨勇（后排左一）、朱瑞（后排左二）、王秉璋（后排左三）在鲁南根据地合影

打跑。

后来，七连和九连也出来了，七连走后街去打的增援，九连从俺庄去了正南，走的南山路。最后把鬼子堵到村西老树林里。鬼子的武器好，迫击炮、重机枪都有，那时候八路军就有个小手炮，可是咱这边地形熟，还有庄里的壮年劳力和民兵帮着运送子弹、手榴弹，几百个手榴弹撂过去，把敌人炸得不敢露头。战斗打了六个多小时，等枪一停，我就跑去了，看到鬼子被打死三十多个，咱这边也牺牲了二十多个。后来，俺庄里把一面绣了“钢八连”3个字的锦旗送到连队上，从那时起，“钢八连”的名声就叫开了。后来，肖华开大会，还亲自宣布八连为“钢八连”。

1983年，鄢思甲司令员病逝后，按照遗愿，他家里人把他的骨灰撒在朱村。2012年，俺庄老百姓自发捐款，建了朱村抗日烈士陵园、老四团钢八连纪念馆。

★鄢思甲

1916生，农民家庭出身，1930年参加革命，1933年7月加入中国共产党。抗日战争时期，调到八路军第115师教导大队学习。后任八路军第115师补充团通信排副排长、排长，陈（士榘）黄（桦）支队6连副连长、4团连长。所在连作战勇敢，被授予“钢铁英雄连”称号。1943年8月被山东军区授予“甲等战斗英雄”“模范指挥员”的称号。解放战争时期，历任山东滨海军区第二军分区教导大队队长。

1952年7月任中国人民解放军山东军区临沂军分区第一副司令员。1955年7月任中国人民解放军山东军区临沂军分区司令员、中共山东省临沂地委常委。

希望后人别忘了这段历史

口述 / 高文汉

~人物小传~

高文汉，1923年生，1945年1月参加了八路军。后进入第三野战军8纵26军78师特务一连当侦察员，负责侦察敌军的所在位置、人员数量、火力配置以及对敌方重要军事设施，为我军提供翔实的作战信息。高文汉参军10年3个月，经历大小战役130余次。1955年3月20日复原回乡。2005年，时任中央军委主席胡锦涛颁发给高文汉一枚抗战胜利60周年金质纪念章。

* 高文汉

我是1945年当的兵，今年92了。没经历那年月的人不知道，鬼子当年在咱国家所犯下的滔天罪行。那时候鬼子进了村，见人就杀，见东西就抢，不能带走的东西就一把火给烧了，老百姓的日子没法过了。八路军征兵的时候，我就去报了名。那时候去当兵的人，都是一个想法，把鬼子赶跑了，咱才能过上安稳日子。

我当的是侦察兵，就是在后来的三野8纵26军78师特务一连。侦察兵做什么呢，就是偷偷地摸到敌人那去，了解敌人驻扎在什么地方、有多少人、有多少枪炮，侦察到情况以后，回来报告，咱部队就根据这个来准备打仗。

着便衣潜入敌区

打博山前，上级下达了任务，叫我们摸清日军的数量、火力情况。我就和两个战友换上老百姓的衣裳，打扮成老百姓，到博山城外那一带村庄了解敌情。

进了一个庄，在一个巷子口，我们发现六个穿便衣的人，四下里踅摸，一看就知道不是老百姓，当时，俺几个人马上猜测这些人可能是来侦察咱们部队情况的敌人，递了个眼神，就先把枪准备好了。这时候，正巧有老百姓走路碰着了他们当中的一个，那个人骂了声“八嘎”，这一下暴露了，真是日军。咱这边就马上开枪，把最前边两个日军打倒了。其他几个日军一听枪响，也拔出枪来打咱。俺三个人就分开跑，围着几条巷子转，日军没咱情况熟，转来转去就把他转晕了，他一分散，正好被咱一个一个地打死。那时候看到日军就恨得牙痒痒。这回能亲手杀死日军，我感到很光荣。这次我打死了三个日军，还荣立了三等功。

冲进城门杀红了眼

1945 年底，咱八路军准备对博山的日军发起总攻。那天晚上，部队先在博山城门外的土堆后边隐蔽着。一声令下，咱们的枪炮一起开打，借着炮火的掩护，向城门冲击。一时间到处都是枪声，子弹就跟下雨似的。

咱们那时候武器装备不如日军的好，只能在晚上进行偷袭。我们扔手榴弹、投炸药、爬城墙、炸城门。炸开城门后我们冲进城内，和鬼子拼起了刺刀。看着自己的战友被打中，一个接一个倒在血泊中，那还不红了眼，什么都不想了，就是一个劲地往前冲，打死一个算一个，恨不得把鬼子都打死。

国家需要我能还上战场

我当兵 10 年，大大小小的仗打了一百多次，单就对打鬼子记忆最深。当年流血牺牲了多少人啊，现在日本还有人不承认侵略咱中国，没有比这更气人的了，我们这些打过鬼子的人就是证明。国家需要的话，我们这些人现在也能上战场打鬼子。

话说回来，当然还是和平好。过去打那些仗，不管是胜还是败，都得死人啊。回头想想，今天的好日子真是来得不容易，这是死了多少人换来的啊，一定要好好珍惜。希望后人别忘了这段历史，别忘了我们这些人。

那一仗 17 个战友倒下

口述 / 王玉庆

~ 人物小传 ~

王玉庆，临沂市沂南县辛集镇涌泉庄村人，1925 年出生，1939 年 1 月参加抗敌自卫军，1942 年参军入伍，被编入八路军 115 师 686 团 2 营 6 连。1948 年复员回家休养。

* 王玉庆

俺 14 岁就参军了，是那支自卫军里年龄最小的一个，当时跟着自卫军队长邱文周转移到孙祖匣石一带，与日军、汉奸打游击。

1940 年秋，日军“大扫荡”，当时我随范明枢与省机关进入费县大青山一带，陷入日军的重重包围。在大青山战斗突围中，我父亲王松与首长被日军俘虏，我很难受，天天哭，挂念他们的生死。范明枢为让我换换心情，安排我到骑兵班送信。

打死两个敌特

一次执行任务，我连夜骑马走了 80 公里山地往陡沟桥八路军司令部送信。一路上险情不断，还被汉奸敌特暗地里盯上了。当我费了很大周折，冒着掉下山崖摔死的危险，把战马拉上一道山沟，正大口喘着气时，山沟对面的汉奸就

★范明枢

1864年生，名范昌麟，又名范炳辰，字明枢。山东泰安人。清光绪三十二年(1906年)留学日本。1920年任曲阜省立第二师范学校校长，因支持新文化运动，受保守势力排挤，于1929年辞去校长职务。因宣传抗日主张，支持学生的爱国行动，于1932年3月被捕入狱，后经营救出狱。1936年夏，出席全国各界救国联合会，当选为执行委员。“七七事变”后，组织泰安县民众总动员委员会，任主任委员。1938年秋，任鲁南民众总动员会主任委员，建立鲁南抗敌协会，组织抗敌自卫军。被誉为“抗日老寿星”“抗日老英雄”。1940年7月被选为设立于抗日革命根据地的山东省临时参议会参议长。1945年8月继任山东省参议会参议长。1946年6月经中共中央批准加入中国共产党。1947年在病榻上书写《告全国人民书》《致司徒雷登的一封公开信》，反对内战，揭露美帝侵略罪行。同年10月2日在乐陵县病逝。后移葬于泰山。

跟着来了，喊我的名字叫我别走，等等他，还自称是熟人“丁连昌”。

丁连昌是我的战友，早在先前的战斗中牺牲，所以当时我很警惕，没有理会他们，准备赶快上马离开，对面就打枪了。一打枪我就知道遇上特务了，我马上端起枪，调好快慢机，回头就是一梭子，打得山沟对面的敌人嗷嗷叫。第二天，部队派人到现场查看，发现一只鞋子和几大摊血迹，顺着血迹找到一户人家，抓到一个受伤的汉奸特务，起出了两具中弹死亡的汉奸特务的尸体。经过审问，破获了一个鬼子安插的特务机关，我还受到了嘉奖。

那次战斗牺牲17名战友

1943年12月28日在攻打日照的战斗中，我在石沟崖身负重伤。当时我和部队副排长王继臣，还有其他战士在半山腰上与鬼子打仗。突然一发炮弹掉落到了俺几个人中间，副排长王继臣为了救战友，将敌人的炸弹揽到自己怀里，当时就被炸弹炸飞了，一条血淋淋的断腿落在我脸上，弹片也将他的屁股炸烂了。

那次战斗共牺牲了17名战友，当晚战友的遗体排放在山坡上，月色下，看着那些死了的战友，心里别说多难过了。

1945年2月，我又被调到团轮训队，在日照新兴参加截击日本鬼子支援太平洋战争军火物资的战斗。当时的鬼子不仅装备好，战斗力也很强。眼看鬼子“嗷嗷”叫着向八路军阵地冲来，战友一个又一个倒下，为了把鬼子的嚣张气焰打下去，我端起65式机枪就朝鬼子猛烈射击，一连撂倒了6个鬼子。可惜打死鬼子的同时机枪也炸了膛，崩掉了自己一截手指，脑袋被炸一个血窟窿。那年我18岁，打完这仗后我被任命为侦察班的班长。

父子共同抗战

俺父亲王松，1939年参军入伍，在沂南青驼参军，给三号首长李澄之当勤务员。1941年，在大青山突围中，父亲和首长一起被俘，被押往内蒙古煤矿当劳工，受尽了鬼子残酷的折磨，没白没黑地挖煤，喝煤渣水，一天吃一个糠窝窝头。在那个煤矿里，还不断有劳工被扔进万人坑喂狼，剩下的劳工眼看活不了几天了，大伙都想逃走。

有一天趁着劳工放风的机会，父亲抱起一块二十多斤的大煤块砸向看守鬼子的头，把鬼子的头给砸碎了，他和20个劳工一起逃了出去，还缴获了一杆枪。那天晚上我父亲脱掉囚衣，跋山涉水，经沈阳、大连等多个城市，最终回了部队继续作战。

我和父亲同时抗战多年，共同参加战斗近百次，行军近万里，转战南北，有时几天几夜都吃不上饭。父亲退伍回家后不久，于1951年离开了人世。

想想牺牲的战友，能活下来真是万幸。现在生活好了，我经常给孩子讲那些抗战历史，让后代永远牢记这段过去，更好地珍惜当下的幸福生活。

* 被日军抓走的劳工

感激部队收留了我

口述／赵中林

～人物小传～

赵中林，1927年生，临沂市莒南县人，1939年参加革命。抗日战争时期，先后在鲁中南军区独立营和警卫团做通信员，参加多次阻击战。解放战争时期，参加过莱芜战役、临朐战役、淮海战役。新中国成立后，先后在新泰康复医院、济南防疫大队工作。1965年在沂南铜井区任区长。1976年调至沂南县卫生局，直至离休。赵中林12岁时参加革命，是一个名副其实的“小八路”。自进入部队直到战争结束才跟家人取得联系。多年的革命生涯中，赵中林心里想的一直就是“有任务就得好好干，入了党更该好好干”。因为他从内心深处感激部队收留了他，让他一步步成长起来。用他的话说，跟着部队打鬼子是他一辈子的光荣！

*赵中林

12岁参军当八路

我1939年麦子黄的时候参军入伍，那年我12岁。

入伍的最直接原因就是穷。早些年，我母亲从外地来我们村要饭，经别人介绍和父亲在一起了。结婚后，母亲生了我们兄妹三个，我下面还有妹妹和弟弟。因为生活条件差，母亲在生完我弟弟后，月子里喝了凉水，生病后不久就去世了，不满月的弟弟被我大姑抱走，活了两个月就夭折了。家里只有一个光棍叔叔和我一起生活。

有一回，听说县北边八路军在征兵，我就决定去当兵。一天下午，我偷偷从俺叔家跑出来，躲在场里的小屋里，第二天天不亮就出了村，一直往北走，晚上路过有屋子的地方就在那里边待一晚，第二天天不亮接着走，过了一条河后又向北，正好遇上部队在开会，我就过去也坐着，散了会我还一直跟着。部队的连长就问我，你为什么一直跟着？我就给他说我的事，边说边哭。听了我的故事，知道我一天没吃上饭，连长给了我俩馒头让我吃。自那以后我就在部队上留下来。

老奶奶救了我

* 赵中林

抗战时期，刘家店子、河阳、青驼都有鬼子据点。1942 年左右，在一次鬼子“扫荡”的时候，我正好得了病发高烧，只好留在一老乡家治病。部队刚发了一身新军装，我没敢穿，怕鬼子发现，只能心疼地把军装埋在地下。埋藏地点我现在还记得，就在沂南县张庄大岱村的庄长家。

在那个年代，庄长都是进步的、拥护共产党的。在他家，一个老奶奶照顾着我。我躺在床上高烧迷糊着，哪也去不了。别人家的大人小孩都躲鬼子跑了，就剩下我和那老奶奶。鬼子来了以后掀开我的被子，大喊：“小八路！小八路！”老奶奶就说“这是俺孙子，生病了。”鬼子一看我确实病得很重，就走了。鬼子前前后后来了好几批，掀了好几次被子，每次都说我是小八路。幸亏老奶奶替我掩护救了我。

鬼子要抓八路，汉奸也去搜人。汉奸比鬼子还狡猾，老奶奶就一口咬定我是他孙子，最终我被救下。战争胜利后，我每年都去看望那老奶奶。可惜现在老奶奶早不在人世了，她重孙也就剩下一个，前几年的时候还到过我家。前段时间我和孩子商量，过几天再去他们家看看，因为当年的舍命相救，我们两家的关系一直很好。

扮成乞丐送情报

在部队，我最早干的是通信员，主要任务就是送信，不管白天晚上，有信就送。那时候我化装成乞丐，挎个小篮子，穿身破衣服，把信藏身上、放在鞋里，晚上也好白天也好，就是拼命跑，有时候一跑二三十里路。

我印象最深的有两次。一次是在大岱村，那次送信路程非常远，中间碰见好多的鬼子和汉奸，他们见了人就要搜，十分惊险。还有一次是 1943 年前后在付家庄，我脚受伤了，肿得非常厉害，正逢鬼子到处抓八路，情况十分危险。当天晚上房东让我走，毕竟他们也没有办法。那天晚上，房东给我找了一身破衣服，我就一个脚穿着破鞋，一个脚光着，再拿个小筐一瘸一拐地走，碰上鬼子后，他们还真当我是要饭的，我成功逃脱了。

那时候只要找到部队就能留下。第二天，我找到了一个部队，虽然不是原来的，但我把情况说明之后，他们就带上了我。

再后来，我当上了卫生员，主要负责给伤号包扎和转移伤号。从前线来的伤号给上药包扎后，能治疗的就留下治疗，情况严重的就赶紧向其他地方转移。那个时期打鬼子，条件非常艰苦，又苦又累，我当时最大的愿望，一是能吃上一顿饱饭，一是能睡上一晚上安稳觉。因为当时年轻，有的时候一坐下就能睡着，甚至走着都能睡着。

抗战中的两段战斗生活

口述 / 赵久祥

~ 人物小传 ~

赵久祥，临沂市蒙阴县尧山头村人，1940年参加革命。抗战中，赵久祥在一线扛过枪打过鬼子，也在后方医院当过护士、医生。先后参加过解放沂水、蒙阴的战斗以及淮海战役、渡江战役、上海战役。抗美援朝时入朝作战。1963年从部队转业，在孟良崮医院担任了九年院长。革命时期的艰苦，养成了赵久祥生活朴素的习惯和对群众的深厚感情。赵久祥到医院看病从不住干部病房。有一次为给其他病人腾出床位，他身体还未康复就主动要求回家休养。赵久祥离休前，孩子就已经下了岗，但是他从来不为自己孩子去开口跑关系，按老人的话讲，“孩子们能有多大出息就多大出息，不能为自己的私事坏了党的规矩。”一句朴素的话，反映出的是一名老共产党员始终坚持的基本操守。

* 赵久祥讲述自己的抗战经历

1940年的阴历六月，俺报名参了军，成为一名革命战士。回顾起抗日战争时期，我的战斗生活主要包括两段，一是在部队当战士，一是在战地医院当卫生兵。这两段时光都让我终生难忘。

在战场杀鬼子

*离休后，赵久祥也是闲不住，精心打理小院

当年连同邻村的，俺这一批走了10多个兵。大家到青驼后，被编入新兵连。后来，我因为认识了鲁中军区四团的一位姓图的连长，1942年秋在图连长的推荐下，我到了鲁中军区四团特务连。

当战士打仗，首先要不怕死，牺牲随时都会发生。打蒙阴县井旺庄时是在晚上。我们步行二三十里路，一到就和敌人交上了火。打了一晚上没打开，第二天我们就去了南北岱崮中间那个地方，那里是一个小山头，我们就想从那个山头下去，绕到井旺庄后面攻打。当时防守这里的敌人借助老百姓的房屋，集中力量打我们一个班，子弹在脚底下“嗖嗖嗖”响成一片。打了一天，到了晚上快打进井旺庄里面时，遇到了一个敌人的碉堡，就在大门外面。敌人在碉堡里从各个方向对我们开火，火力太猛了。大门口东边是个场，场东边有个老百姓放扫帚的小屋，我从屋后面被扒开的窟窿往屋里躲时，让敌人发现了，几颗手榴弹扔了过来。手榴弹爆炸，幸好没有炸到我。班长连忙问我怎么样，我说还活着，不碍事。那场仗打得相当激烈。

打临沂北边一个村庄时也是晚上。村庄名字叫什么我忘了。打了一晚上，把敌人的碉堡给炸开了，结果班长负了伤，被炸到炸开的碉堡里面。我和几个战士就冲过去，跨过壕沟，冒着敌人的猛烈火力，硬是把班长给拖出来。当时有个战士被打伤了右肩，仰面倒了下去，我们就再次冲回去抢救这个战士。敌人一个劲地朝我们打枪，我们几个人没一个退缩的，抬头的抬头，抬胳膊抬胳膊，终于把这个战士给救下来。

在战地医院救护伤员

我刚参军的时候，由于我年龄小，从新兵连下来后被分到医院，干过一段照顾伤员的工作，时间很短。当时战地医院的条件简陋，伤员在这里只能接受擦药、包扎治疗。鬼子经常出来“扫荡”，医院还要经常转移，我就负责抬担架。因为我有这段经历，后来组织又安排我从战场一线回到卫生兵的岗位。

1945 年春天，我军攻打蒙阴。战斗打响时我们战地医院就驻在离蒙阴城东北 3 公里的村庄。整个晚上听到的都是打炮声，轰轰隆隆。这个战地医院只有一位姓马的医生和我两个人，负责为伤员止血、包扎，然后再组织民兵向后方转移。攻城最激烈的时候，伤员是一个接一个地从前线抬下来。咱八路军轻伤不下火线，被抬下来的都是伤情非常严重的，有肠子被打出来的，有头部被打穿的，还有胳膊、腿被打断的。从 3 月 8 日晚上一直到 10 日早晨战斗结束，我们抢救、包扎和转移伤员就没停下来过，根本没有时间休息。

那时候生活确实很苦

抗战时期，部队的生活太苦了，我们没吃过一顿饱饭。现在说起来可能一些年轻人不相信，那个时候你知道我们吃什么？过去滨海区有一种穇子，这种粮食就和谷子似的，但是粒子比谷粒大一点，部队就把这个给老百姓，让老百姓给加工成干粮。穇子做的煎饼，吃起来有一股很浓的草味，还又苦又涩。再就是吃掺上高粱面蒸的窝窝头，又苦又硬，往墙上一扔，能听到“嘭”的一声，还能弹回来。这些东西还都是好粮食，有时候连这个也吃不上，就吃树皮，还有就是青菜里加糠，当时老百姓也吃这个。那时候苦虽苦，大家的情绪都很高昂，就是想着打鬼子，把鬼子赶出去我们才能有好日子，这样就忘了苦了。

战场成好友　别后巧相逢

口述 / 王安斗　张承惠

~ 人物小传 ~

王安斗，临沂市临港经济开发区壮岗镇前朱陈村人，1944 年 1 月参加革命，在滨海军区六团扛枪打鬼子。后因身体不适转移到滨海军区后方医院四所疗养。参加过抗美援朝。1956 年，分配到山东省运输总公司临沂分公司，1957 年被借调到莒南。

张承惠，淄博市周村区人。1944 年 1 月参加革命，在滨海军区后方医院四所从看护员、护士一直做到医生。参加过抗美援朝。1953 年，分配到临沂地区医院工作，其间曾被调任莒南筹建甲子山医院并在该院工作。

＊王安斗和张承惠

我们俩的相识真是缘分，两个不同地方的人，相识在抗日的战场，并在一起共事多年，没想到在离休后又能相遇。我们老友相聚，说不尽的是抗战岁月。

夜不脱衣随时打鬼子

我叫王安斗，今年 88 岁。1944 年我 17 岁，在朱陈村当儿童团团长。那年

1月，我看到村里有年轻人骑着高头大马，被乡亲们欢送着去当兵，心里一下子就热起来，就像涌起一团火，我也要去当兵。我就跟着这匹白马后边走，一路跟到了莒南县土沟村老六团(滨海军区六团)驻地。入伍之后，部队首长将我分配到3营9连3排，我成了一名扛枪打鬼子的八路军战士。

我们老六团主要在滨海地区活动，长期在日照开展斗争。1944年4月，我们3营准备袭击日照以西的一处鬼子据点，这个据点驻扎有鬼子和汉奸一个营的兵力。当时我们的武器装备差，以“土压五”“小马枪”这类武器居多，而且欠缺弹药，当时发到我手里的只有三发子弹。为了打起仗来不吃亏，我们把偷袭时间选在凌晨四点左右，想着趁敌人没有准备打他个措手不及。直到战斗打响前，我们才发现敌人的碉堡太多，光我眼前就有四个。狡猾的敌人还事先发现了我们，朝我们开火。由于天还没亮，敌人也摸不透我们到底有多少人，只是缩在据点里打枪，不敢出来。我们瞅准敌人这一点，在据点外打了半个多小时。

半个小时后，我们决定向外撤退。敌人见我们撤，紧跟着出了据点追赶。我们连续转移了好几个村庄才将敌人甩掉。

1944年冬天的一个深夜，我们9连在日照三庄镇休整，鬼子“扫荡”时恰巧来到三庄，我们的哨兵发现有一小股鬼子朝三庄赶来，赶紧吹了紧急号。我和战友们当时还在休息，听到号声，迅速打好绑带，叠起被子背到肩上，扛枪就出了门。全连集合后占领了就近的制高点，敌人一看我们占据有利地形，他们又人少，就撤了。这一次，我们没有与鬼子正面交火。

在我的经历中，我们老六团几乎每天都在与鬼子、汉奸打游击。战士们都是夜不脱衣，时刻准备着，随时转移，随时打鬼子。

1945年的春天，我因为身体不适，高烧不退，被送到了滨海军区后方医院四所疗养，在这里我结识了四所的护士张承惠。经过一个多月的疗养后，我被安排在四所给赖所长当通信兵，与张承惠成为亲密战友。

探听敌情碰上“乔装”的鬼子

我叫张承惠，今年87岁。抗战时期，我的一个亲戚叫孙继安，在滨海军区后方医院四所担任行政干部。1944 年 1 月，孙继安回淄博周村，走的时候把我一块带走，当时我 16 岁。

我来到四所，被安排当看护员，主要是给伤员送水、送饭，打扫驻地卫生。我当了四个月的看护员后，后被提拔为护士。

战争时期，医院随时转移。1944 年秋天，我们转移到江苏省赣榆一带活动。有一次，医院院长让我跟一位姓董的看护员出去侦察敌情，我们就出了医院，一路向老乡了解鬼子“扫荡”的情况。

我和战友来到一处山岭时，天下起大雨。我看到岭上有个披着蓑衣、戴着斗笠、扛着锄头的“老乡”，急忙跑过去打探情况，我说“你知道鬼子在哪里活动吗？”由于雨大，我没仔细瞧这位老乡的正脸，结果当我问完，对方没回答。我又紧跟着问了一遍，话音刚落，我突然发现他领口有红领章，擦了擦脸上的雨水仔细再瞅，才发现原来这个“老乡”是鬼子乔装的，我撒腿就跑。

下着大雨，我又是个小孩，跑不过鬼子。这个鬼子追上来，朝我的右屁股狠狠地刺了一刀。等他拔出刺刀准备向我再刺时，我的双脚一滑滚下了山岭。幸亏有棵树挡住了我，树枝下还有块倾斜的大石头。我紧紧抓住树枝，顺势躲在石头下。当时连惊带吓伤口疼痛都没觉得。

第二天，医院的看护长石在忠带着人一路找寻我们。我滚落岭下时挎包上的毛巾恰巧挂到了树枝上，石看护长凭借这条毛巾找到了我。被救出来以后，我才知道一同出来的姓董的战友已经被鬼子杀害了。

至今，我的右屁股上还有一道深深的刀疤。

1944 年，我们医院天天转移，全靠老百姓的支持，帮着抬担架，运送给养。战场上不断有送下来的伤员在我们这进行治疗、护理，总是走了一批又送来一批。1945 年，我结识了从战斗一线下来疗养的战友王安斗，后来我们就成了好朋友。

阻击战活捉仨鬼子

口述 / 高守茂

~人物小传~

高守茂，临沂市沂南县马牧池万粮庄人，1942年在北海银行做杂务，1943年2月参军后分配到115师2团，1944年秋加入中国共产党，参加过辽沈战役、平津战役。1949年2月复员回乡，在供销社供职，之后回村担任会计。老人关心国家时事，平时喜欢看报纸、听广播，也喜欢向年轻人讲述那些难忘的抗战记忆。

* 说起小鬼子，高守茂变得严肃、愤怒

俺17岁那年参军，参军前就给根据地做事，在北海银行。参军后在115师2团3排8班，是冲锋队员。那些年日军一年要"扫荡"好几次，在春耕、麦收、秋后和年关时"扫荡"就加大规模，很残酷。咱的部队就在敌后打游击战。

鬼子无故烧死6名村民

1941年秋，常山庄驻上了鬼子。俺家是万粮庄，离得近，鬼子就来到了俺庄，十多个鬼子、汉奸挨家挨户盘查，倒是没祸害人。这是俺第一次见鬼子。鬼子从俺庄走了后，听说在西北的牛王庙庄烧死了6个村民，用高粱秆活生生烧死的，也不知什么原因。

1940 年 2 月，北海银行迁到了沂南马牧池一带，北海银行的一些人，还在俺庄高绪先家住过一些日子。当时，北海银行不在俺庄印钱，都是把印好的钱运来，在高绪先家清点，100 张一捆，用包袱包好再送出去。北海银行还在庄里建了观察哨，派人在上面看动静，防着敌人来。那时候俺在北海银行主要干些杂事。

1943 年 2 月，庄里的干部动员青年参军当兵，我和俺庄的高西平、高洪宣一块报了名，还被送到马牧池学了近一个月的理论。学习完了，我分到岸堤北村的 115 师 2 团 1 营 1 连 3 排 8 班，高西平、高洪宣分到地方武装。当时俺连的 8 班、6 班和 7 班都是冲锋队，主要在蒙阴一带活动。

★北海银行

1938 年，胶东特委将由胶东抗日游击第三支队筹建的北海银行划归特委领导，正式成立北海银行，10 月，发行北海币。

1940 年 8 月，山东战时工作推行委员会成立，将北海银行定为山东省北海银行，原胶东北海银行改为北海银行胶东分行。山东省北海银行由财政处长艾楚南兼任行长，洒海秋任副行长。属战工会领导，下设发行、会计、营业 3 个科。1941 年春，北海银行在沂水大梁峪建立印钞厂，1942 年迁至沂南县南山里万粮庄。

1943 年，总行随中共山东分局东迁滨海后，滨海分行并入总行，并在莒南建立办事处。印钞厂迁到莒县杨家圈。本年北海银行在鲁中建立了沂蒙、泰山、泰南3个支行。1945年8月，北海银行在沂河东建立临沂银行办事处，9 月临沂城收复，办事处迁入临沂。1948 年 12 月 1 日，华北银行、北海银行、西北农民银行合并，在石家庄成立中国人民银行，但因工作的需要，北海银行继续营业。1949 年 1 月底开始回收北海银行币，2 月初开始停止发行北海银行币，4 月北海银行进驻济南，至 11 月 1 日改称中国人民银行山东分行，北海银行完成了它的历史使命。

背着20斤的炸药炸炮楼

那时候鬼子建立了很多炮楼。俺这个部队就经常去炸炮楼。炸炮楼都是在夜里，冲锋队员一人背一个20多斤的炸药包，爬过壕沟、摸到炮楼根，在没被敌人发现的情况下，一小时就把炮楼给炸了。

那年清明前的一天晚上，下着大雨，冲锋队员一人发了四个手榴弹，准备去炸碉堡。走着走着队伍迷路了，最后找了老百姓领路，到早上八点才到“刘黑七”的炮楼。

在战斗前，由冲锋队员开道。听到排长一喊同志们跟我冲，就先用手榴弹开道。那时候我没有枪，就四颗手榴弹，很快就扔完了。俺班的王学路有枪，手榴弹扔得比我慢，我就喊，小王，给我一个手榴弹。小王给了我

★刘黑七

民国初年，山东境内出现了若干股结伙啸聚的土匪。他们打着“杀富济贫”旗号，实则烧杀奸淫，残害百姓，无恶不作。其中，诨号为“刘黑七”的土匪势力最大。刘黑七名桂堂，山东费县人，因其面目黝黑而“拉杆子”时排行为七，故人称“刘黑七”。刘黑七幼时给人放羊，练就一手甩石头打羊的本领，百发百中，因此很得一帮子地痞流氓的拥戴。刘则乘机妖言惑众，称自己是“乌鱼精下凡，刀枪不入”。刘黑七匪帮从1915年起聚众作恶，为害29年之久。匪众最多时逾万人，流窜山东、河北、热河、辽宁、安徽等十余省。所到之处，抢劫财物，杀人如麻，官府军阀也奈何他不得。山东是刘黑七为祸的重灾区。据不完全统计，从1925年至1928年，仅山东沂蒙一带，即有千余个村庄遭到刘匪的抢掠，房屋被烧二十多万间，一万二千余人被残杀，奸淫妇女无算。

刘黑七匪众是一大帮子拥有武器的人马，故当时各种军事势力都有意拉他为自己所用。但刘匪朝三暮四，反复无常，大多与别人合作不了几天即不欢而散。抗战时期，刘黑七担任过国民党军的师长，伪军的“总指挥”“总司令”以及属于伪军的“和平救国军”师长等。他左右逢源，心狠手辣，经常袭击八路军，残杀抗日民众。1940年春，刘黑七率众偷袭驻山东平邑柘沟的我八路军某部三团，致使三团团长续志先以下二百余人全部遇难。刘匪还大抓共产党、八路军“嫌疑”，抓则必杀，无论真假。仅在平邑大井村就活埋了200多人。遭刘匪袭扰的地方大多满目疮痍、惨不忍睹。我抗日工作因此倍受干扰，人民群众对刘匪恨入骨髓。可谓刘黑七不除，鲁无宁日。根据罗荣桓政委的指示，1943年秋，我八路军鲁南军区与地方抗日武装集中兵力，彻底翦灭了刘黑七匪帮，刘黑七被打死。

一个手榴弹，我拿着就冲进去。冲过去后，发现一个伪军在炮楼里躲着，吓得不敢动弹。排长朝我喊，小高，把枪和子弹拿过来。我就上去把一挺大鼻子捷克式机关枪缴获了。这是一次胜仗，本想休息几天整顿一下，还没捞着休息，上级的通知就来了，叫继续追刘黑七。

俘虏了3个鬼子

跟鬼子打得最激烈的一回，是1944年秋。当时115师2团攻打冶源鬼子据点。战斗打响后，临朐县城的鬼子，还有冶源旁边据点的鬼子都来支援，俺一营负责阻击南边方向的鬼子。晚上8点左右，3排埋伏在程

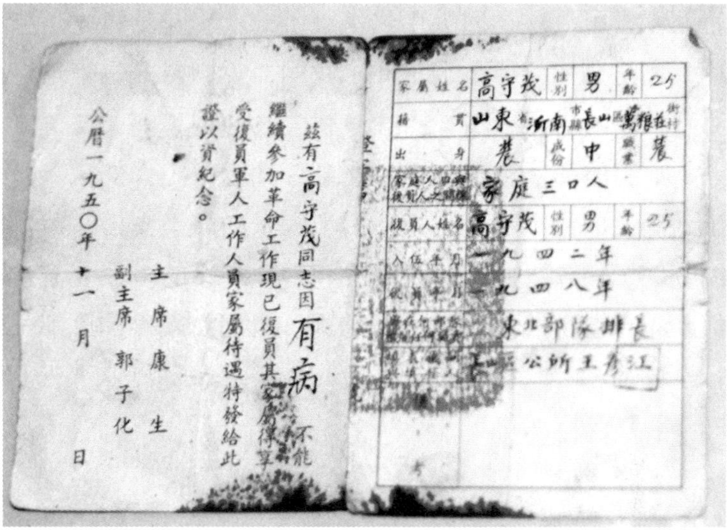

茲有高守茂同志因有病不能繼續參加革命工作現已復員其家屬得享受復員軍人工作人員家屬待遇特發給此證以資紀念。

主席 康生
副主席 郭子化

公曆一九五〇年十一月 日

家屬姓名	高守茂	性別	男	年齡	25
籍貫	山東省沂南縣長山區				
出身	農	成份	中	職業	農
家庭人口	家庭三口人				
復員人姓名	高守茂	性別	男	年齡	25
入伍年月	一九四二年				
復員年月	一九四八年				
[illegible]	東北部隊排長				
[illegible]	區公所王秀江				

*高守茂的复员证

子村外一个半山腰上，等着鬼子过来。不一会儿，一小队鬼子来到三排眼皮子底下，排长就指挥着战士们开打。咱武器装备比不过鬼子，打了一阵子就朝程子村里转移，鬼子在后边追着不放。

很快2排赶来增援，两个排的兵力一前一后把鬼子围住，狠狠地打了一阵子。鬼子赚不到便宜，就朝庄外小河边撤。这时候1排也赶过来增援了。

俺连指导员是泰安人，名叫宋洪章。连长和指导员命令大家追着打，誓死也不让这些鬼子增援冶源，咱三个排的兵力就和鬼子来了个正面拼杀。这场阻击战，二排排长英勇牺牲，咱们也活捉了仨鬼子。阻击战打退了增援的敌人，冶源的鬼子据点就被2团给打了下来。

马齿菜（马齿苋）成主食

抗战艰难的时候，部队的口粮不足，有时发两三斤果子（花生）饼当一个星期的干粮。饿得没办法，部队就挖野菜充饥。在蒙山打游击的时候，俺这些人吃的主要是马齿菜。

一次打完仗向龟蒙顶转移，路过一片柳树林。有的战士见柳树芽子长得不错，就顺手撸了一些，回去用热水烫了，就着花生饼吃。指导员到各班巡查，发现这些人吃柳树芽，马上批评了我们，说柳树芽是当地老乡留着吃的，咱吃了老百姓就会饿肚子。

咱们的部队想着老百姓，老百姓也惦记着部队。有一次，蒙阴的老百姓抢了刘黑七的一个粮仓，把一多半麦子和高粱支援了我们。部队上就做了一顿馍馍改善了伙食，俺这些人都没管饱。剩下的多数麦子和高粱又都留给了老乡。那些年，老百姓走的走，跑的跑，地也没人种，草都长到屋檐上了。老百姓的日子更苦。

武装民兵千千万

——抗日民兵篇

我在民兵队的一次战斗

口述 / 王培先

~ 人物小传 ~

王培先，临沂市蒙阴县人，1946 年 5 月加入中国共产党。1939 年 10 月至 1946 年 4 月，历任蒙阴县后铁城村青年团长、指导员以及沂南县独立营班长等职。1980 年 10 月至 1984 年 2 月担任平邑县委书记，武装部第一政委、党委第一书记。1985 年 6 月离职休养。从平邑县委书记的位置上退下来回到蒙阴后，老人拒绝了蒙阴为他提供的相应规格的照顾，老人讲他是从平邑县退下来的，那就没有任何理由在蒙阴享受。还有一次，他的孩子曾想使用老人的医保卡买药，被老人断然拒绝，他说"这是党给我的医保卡，你没有资格使用。"无论是战争时期还是和平年代，王培先始终把讲党性、讲原则放在首位，用自己的实际行动坚守了一名共产党员对党的忠诚。

* 离休在家，王培先每天坚持读报

抗战时期，沂蒙根据地很多村都成立了民兵武装力量，大家的目的只有一个：保家卫国。民兵队在当时经常配合部队打鬼子。

我们村成立民兵队

我今年 93 岁，出生于蒙阴县蒙阴街道后铁城村。1938 年，俺村成立民兵队，村里 18 岁以上的青年都加入进来。民兵队员在村里的主要任务就是站岗、放哨，到周边和鬼子打游击。当时民兵队的主要武器是“汉阳造”“老套筒”。尽管武器差，但队伍也在慢慢发展，到我1939年9月加入时，队里的老式步枪已经达到30多杆。

俺这个村在蒙阴县城以东20公里。蒙阴县城驻扎的鬼子少，除了大规模“扫荡”，多数时间鬼子都缩在城里很少出来，主要靠汉奸帮他们出城打探消息，搜刮民脂民膏。我们村成立民兵队后，汉奸也很少再敢到村里骚扰。

鬼子的一次“扫荡”

因为我们不怕汉奸，1944年春，狡猾的鬼子换了汉奸服装，朝我们村一路赶来，想引我们上当借机消灭我们。那时咱提前得到消息，就将村里的老幼转移到山里，考虑到来“扫荡”的只有百八十个汉奸，大家都想和他打一仗。我们这一带的村都成立了民兵队伍，虽然武器比不上敌人，但是联合起来，明显占有人多的优势。很快，前、后铁城村一带的民兵队就组织起来。

后铁城村的村支部书记李佩明是村民兵队队长。他紧急集合队伍，到村外半里地的牌坊岭隐蔽起来，子弹全部上膛，等待汉奸到来。在牌坊岭东北方向约6里地有座山，山顶上驻扎了八路军一个连的兵力。如果我们消灭不了汉奸，八路军马上就会过来支援，这也是民兵队敢正面迎战汉奸的一个原因。

队伍出发时，我拿了一把短筒汉阳造，紧跟着村里的一位小学教师。这位小学教师是上级派到村里的党员，胶东人，在村里除了教孩子们识字，平时主要做抗日宣传工作，很有威信。

我们在牌坊岭埋伏下以后，不久就看到穿着伪军服装的敌人出现了。这时山顶上的八路军发现敌人是鬼子伪装的，赶紧向我们招手，示意撤退。当时我们一腔热血，一心想消灭几个汉奸，根本就没注意是鬼子化装的。刚一接上火，敌人就把歪把子机枪等轻重武器使出来，向我们猛烈扫射。这个时候我们才知道原来是鬼子，就边打边后撤。山上的八路军也依靠有利地形向鬼子射击，掩护我们。鬼子怕我们是诱敌深入，就没敢继续追，撤到了旧寨。

这场战斗，幸亏我们在八路军的支援下及时撤退，民兵队才没有队员牺牲，只有一个队员腿部擦伤。虽然这次我们没有打死鬼子，但有力地鼓舞了民兵队，为日后的抗战壮了士气。

我和老伴是革命夫妻

口述 / 夏忠厚

~人物小传~

* 夏忠厚

夏忠厚，1926年出生，1943年11月参加费县第五区区中队，1944年3月参加费县县大队。1956年至1963年担任费县石井乡生产助理，1963年至1983年担任莲花村村支部书记。抗日战争时期，夏忠厚杀敌英勇，不怕牺牲。和平时期，当过乡长，干过生产助理、村支部书记。当年在落实党的利农政策时，他主动倡议把村里最好的土地、环境最好的宅基地分给村里最穷、最急需的人。说起自己的很多“吃亏的事”，老人就讲：“因为我是一名党员。”

1937年“七七事变”，1938年咱这边就来鬼子了。俺家是费县石井莲花村，不远是苍山(今兰陵县)九女山。1942年正月初六，在九女山咱的队伍与鬼子打了一仗。这天晚上鬼子从俺村过，还抓了两个村民领路。我不知道怕事，就偷偷趴在院墙上往外瞅。

后来，鬼子打算在俺村东边的宋家岭修碉堡，我被抓去当苦力，给鬼子扛石头。那年我才16岁，扛石头走了四五里路，中午天又热，去那边舀水喝，结果让鬼子照着手脖子就是一棍子，打了个大疙瘩，差点打断了。

那时候，鬼子到处杀人放火。只要鬼子一出动，到了哪里哪里就被一扫光，老百姓的屋全都一把火给烧了。那时起，我就发誓要当兵打鬼子。

用“土压五”打鬼子

1943 年 11 月，我报名参加了费县第五区中队。部队就驻扎在我们村村北，有一个排的兵力。1944 年 3 月，区中队扩编，成立费县县大队，当时县大队只有两个连，一连在费县城东活动，俺二连就在费县城西一带活动，主要跟鬼子打游击。说起抗战打鬼子，咱武器确实不行，都是农村里过去打“马子”的那些“土压五”“老套筒”“汉阳造”。子弹也少，一个人两排子弹，10 发子弹这就算最多的了。打仗一般不让打枪，看着鬼子汉奸来了，就拼手榴弹，打完一阵子赶快转移。咱人也少，一个连那就算多的了。那鬼子可不得了，一出来一群，又是马又是车的，车上架着机枪，开路炮“呼呼”地打，咱就指望着打敌人埋伏。

＊夏忠厚晚年的平静生活

1944 年 5 月，费县县城一个大队的鬼子出来“扫荡”，俺这个连埋伏在城西桃园庄打阻击。早上八点钟左右，在半山腰清楚地看到鬼子来了，咱所有战士就瞄准敌人开枪，打了鬼子一个措手不及。鬼子的火力厉害呀，咱的武器、手榴弹根本压不住。打了十多分钟，鬼子就开始往上冲。他一冲咱就赶紧转移，撤到山里。这一带都是山岭，敌人不好攻，咱还容易隐蔽、转移，鬼子见咱进了山也就没敢继续追。

到了1945年四五月，鬼子又出来“扫荡”。二连八班驻在县城以西韭菜山北边的响井村，连部驻在山南韭菜庄。我是八班的班长，这天晚上接到连里送来的通知，说鬼子第二天可能出城“扫荡”，让八班赶到韭菜山顶放哨。到第二天早上天刚亮，远远就看山跟里一溜黑杠，仔细看了看，是鬼子，鬼子开始行动了。我就说赶紧打“叫枪”。打“叫枪”就是叫部队知道，在庄上的部队好转移。等鬼子在韭菜庄北架起机枪开打，我们就都转移了，让鬼子又扑了个空。

那年打的仗，也有打得很惨的。那天我们开饭吃的是果子饼（花生榨油后挤压成的饼），全连174口子人吃了180斤果子饼。吃完了，我们连长就说今天有任务，去打仗。我记得那天起大雾，对面看不着人。打完仗后，俺连170多口子人还剩下42个人。

跟鬼子打仗那就是干革命。我说革命，是革鬼子的命，也革自己的命。在外面当兵打鬼子，还能拿着死当回事吗，出去就不要怕死。

我和老伴是战争时期认识

那时候当兵打鬼子，条件也差。两个人一床被子。穿的呢，就是冬天一身棉衣，夏天一身单衣。衣裳缺，就是不缺虱子，只要一哆嗦虱子满地掉。到哪里驻防，就找老百姓借大锅，烧水烫虱子。

饭也吃不饱。队伍拉起来急行军，三天不吃饭的时候都有。过了饭时也不觉得饿了。可是一停下来，就不是事了，饿得慌呀，饿得心里火辣辣的。都盼着早晚能把日本鬼子消灭了，咱过两天好日子。

说起参加抗日，我们家除了我，还有俺老伴徐富才。她和我一个村，比我大4岁。她22岁时，在党员杜利学（音）带领下到战地医院照顾伤号，在那里干了三个月。以后，又被调到下庄，跟着咱地下人员干财务。俺俩在打仗时认识的，直到1951年才在老家莲花村结婚。俺俩是对革命夫妻。

打死也不交出锦旗

口述 / 徐立江

~人物小传~

徐立江，1922年生，临沂市沂南县蒲汪镇王家庄人，1940年加入村青年团，后任团长，同年加入中国共产党。抗日战争期间，主要在村青年团参加抗日活动，老伴来金春当时在村妇救会工作，也积极参加支前工作。如今，尽管徐立江老人和老伴每月都有退休金，经济状况并不差，但依然喜欢住在老旧的房里，平平淡淡地过日子。历经战火的人，也许更懂得和安于平静的生活。

* 徐立江

抗战的时候，俺是王家庄村的青年团团长，经常带领青年团团员破坏敌人的据点，到处扒公路、打鬼子，为了躲避敌人的搜捕，通常只能住在山里。家里的事全部靠了我妻子来金春。

鬼子让庄户人受尽了罪

鬼子来“扫荡”的时候，老百姓都到处躲，让鬼子逮着不得了啊。鬼子四处杀人，在俺庄南边杀了很多人，老百姓都没敢在家的，这里跑那里藏的。俺就让小孩坐在筛子里，拴上绳子挑着去河边、去草岭躲着。

鬼子不来“扫荡”的时候，就抓庄户人去给他们修路、修据点。逼着我去了三趟，到莒县 50 多里路，俺还得自己捎着煎饼，背点秫秸烧水喝，那个时候庄户人受的罪没法说了。

那年农历九月十五左右，又叫俺去修路，一天时间不光修路啊，还叫去给拔白菜、逮鸡、挑水。那时候刨了地瓜，庄户人放在窖子里。鬼子尝着地瓜好吃，就叫俺找个篓子给他抬到屋里好留着吃。到了傍晚了，俺寻思着拿着镢头包袱走吧，鬼子坐一边看着还不让俺走。又把水缸给挑满了，鬼子才离开，日头都落山了。有个出伕的大叔说，这回赶快拿着镢头、包袱走吧。包袱里只有两个干煎饼。俺寻思着等放了工再吃，一天也没敢动。那会儿年龄大点的都跑了，俺跑到河边实在跑不动了，寻思鬼子逮不着了才趴下歇了歇。回家后腿疼了一集（5 天）多。

躲鬼子在下半夜结婚

俺媳妇来金春是邻村人，她父母离开得早，由她姑姑做主许配给我，1941 年她刚 18 岁。她那个村有两个鬼子据点，鬼子经常出来找“花姑娘”，大闺女白天都不敢出门。一天下半夜，她姑打听着鬼子出去“扫荡”去了，就打算把俺俩的喜事办了。

为了防备遇上鬼子，她脸上抹了锅底灰，头发窝到后脑勺上，穿着破衣裳，一路上弓着腰来了俺家，算是结了婚。

结婚后，俺在民兵队里打鬼子。民兵团长李四二、李宝征经常带着我们到大店通莒县的路上去扒路。那时候河里水满满的，俺这些人都是奔小庄子村住下，晚上用船带过去扒路，把路给刨得一道道的，让敌人不能走车。扒路的时候，两边民兵站着岗，看鬼子一出动就放枪，扒路的这些人就跑了。

★妇救会

“妇救会”是“妇女救国会”的简称。在中国抗日救亡运动的高潮中，全国各地的妇女纷纷组织成立妇救会。妇女救国会在当时的主要任务是组织妇女为中国共产党领导的军队准备军鞋、军粮等军需物资，照顾伤病员，并以隐蔽的身份参加各种爱国活动，充分显示了妇女在革命抗战中所发挥的坚强作用。那时候，根据地村村都有妇救会。

来金春参加了妇救会，和妇女们给八路军做军鞋、烙煎饼。那个时候军鞋供应不上，妇救会就一天到晚做军鞋，一霎也不能耽搁。她们一人平均一天就得做一两双。

几个人砸死鬼子

1940 年 9 月 21 日，莒县夏庄据点的鬼子出来“扫荡”，到俺村天就快黑了，天下大雨路不好走，鬼子当晚就住村里，老百姓都跑了。

第二天天一明，鬼子在村东头大街上集合朝东南走了。看着鬼子走了，外出躲的人就慢慢都回来了。徐花廷走进自家的胡同时，看着家的大门大敞着，再往里边一看，堂屋内桌子上放着一支长枪，一个鬼子还在堂屋睡觉。这时候我和徐立刚、徐连德也回来了，徐立刚悄悄进去把枪拿出来，鬼子也惊醒了。徐立刚想放枪打死他，一拉大栓，枪没打响。徐立刚跑出去蹬上院墙，跳到西边的院里。鬼子还有枪刺，提着枪刺出来了。他可能知道日军去了东南，就奔了草岭也上了东南。我们这几个人就追着，扔石头打他。到了草岭南湖里，这个鬼子脚麻了，走不动躺下了，徐连德上去朝这个鬼子就是一脚，我们都赶紧过去，一块把他给砸死了，又给偷偷埋起来。那几天鬼子来找了好几次，都没找到，还把徐花廷、张宝福几个人抓起来，差点打死，也没得着消息。

死守锦旗的秘密

1940 年冬，上级召开表彰大会，会上给俺村发了一个“英勇抗日模范村”的锦旗。在这个会上，我还被发展为正式党员。

后来鬼子常来“扫荡”，藏好锦旗成了大事，万一叫鬼子发现了，那全村都遭殃了。保长徐起琢磨了一个办法，平时将锦旗用碎布包着藏在牛棚里，遇着鬼子汉奸来“扫荡”，就藏在上了年纪人的怀里。

1943 年初春，那天晚上夏庄据点的鬼子、汉奸得了情报，说是王家庄有“英勇抗日模范村”锦旗，就来俺村搜查来了。汉奸头子带着路，把我抓起来打，叫我交出锦旗，说不说出来就杀头示众。我寻思着鬼子就是把我打死，我也不说。

鬼子汉奸把我打了一顿，也没问出来。没搜出证据，全村算躲过了一劫。

汤池旁安炸弹炸死“铁头”

口述 / 马星祥

~人物小传~

马星祥，临沂市沂南县尤家埠子村人，1917 年出生，1943 年加入中国共产党。1938 年至 1942 年任村指导员；1943 年任边联县铁山区委组织委员。1944 年任铁山区委组织委员兼尤家埠子村书记。1948 年任铁山区区长。1978 年于沂水院东头支部书记任上退休。先后被授予“鲁中区劳动模范”“鲁中区劳动英雄”“华东先进分子”等荣誉称号。

* 马星祥

自从日本鬼子侵占咱沂蒙地区，到了咱这一片，俺庄尤家埠子就多次被鬼子汉奸“扫荡”，没办法只能起来反抗，和敌人斗争到底。

不抗日就被抢得光光的

那时候，俺庄里汉奸来得多，鬼子来的也多。鬼子骑着大洋马，带着指挥刀。他们来了就抢东西，连老百姓的衣裳都抢，没有衣裳抢，好吃的、能用的也抢走，把老百姓那些篼子、簸箕都给“收拾”走了。

后来鬼子汉奸就专门在俺庄里住着，上四外庄逮人，把咱的人逮了弄到东北去挖煤。咱这边被弄到东北去的人死了很多，我知道的附近周旺庄、铁山子村的，被逮走了好几百人，听说在那里得了瘟疫，没见有回来的。

不抗日不行了，不抗日就被鬼子汉奸给“拾掇”得光光的。所以上级到咱庄动员打鬼子，呼啦一下子全庄的青年都来了，没有不愿意报名的。

成立了民兵队后，种地不再是各人干个人的，平日里三十来个民兵都是在一起干农活。带着枪，把那个枪藏地中间，只要一说来了敌人，马上就从地里出发，也不用集合。

敌人武器好，咱的武器少，也很差，可是咱情况熟，鬼子来围咱时，从哪个胡同跑出去咱都明白，鬼子一发觉，咱早不知道跑哪里去了。

为了吓唬汉奸，我们民兵队还天天围着河边转，机枪什么的都带着，其实都是假武器，不是真枪。也没有多少子弹，也就是三五发，主要弄些假的，一节节地装在子弹袋里。还弄些手榴弹什么的，找筐子挑着，底下都是些小地瓜秧撑着。这样汉奸鬼子也害怕。

解救了60多名村民

一次，俺不巧被汉奸抓住了，和六十多口子人一块关在地主的堂屋里，手都被拴着。看来是要准备送到东北做劳工。幸好有个汉奸看上了我，把我放了，问我跟着他干行不。我说行啊，我会干伙房。和汉奸熟了之后，我干完活就常上四周庄看看，哪里有岗，哪里没岗，都瞅明白了。去给那些被关着的人送饭的时候，我就拿个剪子揣怀里。进去之后，我和他们当中的一个人说，我给你剪开绳子，你再把其他人的绳子都剪开，剪开从那个夹道一直往正西跑，别拐弯，没有岗，附近的岗在哪里哪里都要避开。那一晚上六十多个人就跑干净了。

那时候打鬼子条件很艰苦，大冬天我就带了个“小棉单”，晚上就躺地上，躺在坟上，背靠着坟堆挡风取暖。那些年雪也大，西北风呼呼地刮着。民兵队的尹尚贵去在西北炮楼外边站岗，监视敌人的动静，回来冻得浑身抖，弄把柴火还点不着，光冒烟。那年头哪有棉衣服穿？也没有吃的。庄里有几户就去葛沟贩地瓜，弄不来地瓜就吃不上饭了，就等着弄来地瓜剁剁煮煮吃。那个时候，杨槐花也吃过，吃得实在不想吃了，闻着就想吐。到鬼子投降了以后生活才慢慢好起来。

炸死仨“铁头”

那时候汤头附近的鬼子天天去汤头洗澡，为了安全起见，他们带着汉奸一起去。这几个汉奸诨号叫十二个铁头，“铁头”的意思就是不怕死。民兵队摸清情况后，俺和尹尚松偷偷在汤池旁安下炸弹，用东西盖着。结果鬼子真把炸弹弦绊着了。听说那次炸死了三个“铁头”，到以后一个都不见来了。

赤着脚去当民兵

口述／王志超

~人物小传~

王志超，临沂市沂水县人，生于1926年，1943年参加民兵，1944年入伍，1945年加入中国共产党。抗战胜利后，曾先后担任四野炮5师第44团3营9连支部委员、书记，志愿军炮兵第44团1营2连支部书记，炮兵50团后勤总支副书记兼支部书记，北京炮校练习队党委书记，炮8师48团2营党委书记、团党委委员，炮兵第48团政治处副主任等职务。老人常说，过去人家老来侵略我们，是因为咱们国家穷。现在就盼着国家越来越强大，就没有谁敢来侵略了。

*王志超

我是穷人出身，要过饭，给富人家做过工。那时候做工很艰苦很受罪。夏天温度高，没有蚊帐，也没有席，干活累了一天，晚上就躺在光光的床板子上睡，由着蚊子咬。吃不饱饭、穿不上衣不说，还整天挨打受骂。后来鬼子来了，又要整天受惊吓，吓什么？怕被鬼子抓了去出劳工，建炮楼、修工事。

没鞋穿我也得当民兵

后来，村里有了共产党，组织青年组成民兵队打鬼子。那年我17岁，长得又矮又瘦。村里好多青年都参加了，我也去报名。有人就说，你怎么参加，你连鞋都没有。我说那不行，没鞋穿我也得参加，就这样我赤着脚当了民兵。

民兵队成立后就去了莒县，在莒县打游击。说是打游击，其实很少打，就是整天四处游荡，造造声势。主要是没有枪，四十多人只有队长和指导员有枪，我们就是一人一个手榴弹。有土炮，可是土炮很笨，行军运动没法带，这样就光看着人家八路军打鬼子。

* 王志超的晚年生活

八路军打仗就是有计策

说起能打仗、会打鬼子，那还真得算八路军。有一次，我记得是刚过了年，正月初三，八路军八支队一个营来到姚店子坡子庄，来了之后就在庄里又支锅又干什么的，弄得好像要在那里常住似的。坡子庄南门有个大场院，八路军就在那里踩高跷，敲锣打鼓很隆重，热热闹闹，全庄的人都去看。其实那是个计策，是给鬼子汉奸看的，八路军要引鬼子上钩。设好圈套以后，八路军半夜悄悄撤出了村子，埋伏在村外，等着敌人上钩。果然天刚亮鬼子汉奸就来了，进了坡子庄要偷袭。结果八路军就把坡子庄围起来，在四周用机枪猛打，还朝着鬼子放炮，那炮一响，就跟地震似的，一炮就炸死了七个鬼子。

1944 年我 18 岁，我就和民兵队的领导说，我不想当民兵了，我要当八路，接着我就参军了。当时抗战的形势大有好转了，可是条件还是很艰苦。那时候我们部队唱的一个歌是：吃的是煎饼，铺的是干草，冷了还是这一套。为什么“还是这一套”，当兵没有被子，一年四季就穿着这一身军装。再一个是开展硬骨头作风教育，让战士们明白打鬼子是光荣的，牺牲了是光荣的，共产党员不怕死，不怕艰苦。我印象最深的是有一个战士，左肩膀被炮弹皮打了个五寸长的伤口，炮弹皮还在里头没弄出来，他仍然赶着马车走路行军。

想想过去，我就说，现在青年人不要老想这想那的，现在的条件比我们那时候强多了，一定要知足。现在生活多好啊，应该感谢党。

俺多次跟死神“打照面”

口述 / 刘鹤亭

~人物小传~

刘鹤亭，1925年5月出生，临沂市兰陵县街西头村人，13岁参加儿童团，18岁担任抗日青年先锋队队长。抗日战争期间，先后多次与死神擦肩而过。

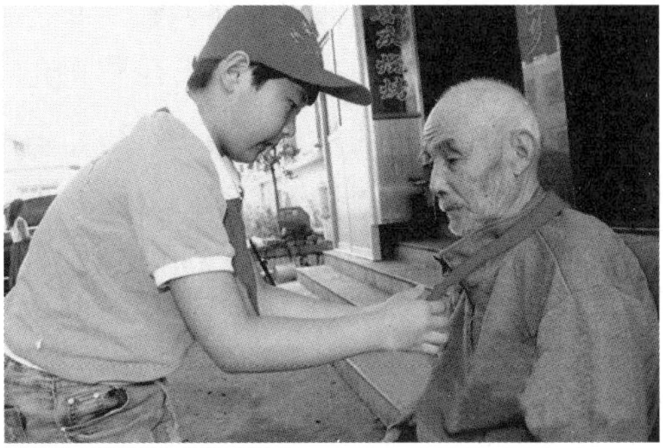

* 刘鹤亭参加少先队活动

俺是贫农家庭，从小受了不少苦。为了打鬼子，俺先后多次与死神“打过照面”，后来都成功脱险。

差点被汉奸打死

1938年4月，鬼子来咱沂蒙山区进行“扫荡”，俺就报名参加了抗日儿童团。一天，俺正在村里巡逻，有武工队员来说，鬼子汉奸正向村子这边赶来，叫儿童团抓紧撤退。我招呼小伙伴们赶快躲藏，自己也跑到村庄南头民房后面的一个草垛里，钻进去藏了起来。

估摸有一个多小时未见动静，俺准备跑回村大院，刚好碰见村头守候的一群鬼子汉奸。我撒腿就跑，他们就在后边追，俺围着村跑了三圈，就是甩不掉他们。当时俺就想，老在村里跑不是法儿，得把敌人引开。就拼命往村外跑去，一直跑到邻村的一个深水沟边。沟底的水不知深浅，往回跑肯定被抓，只好眼一闭、心一横跳进去，躲到淤泥乱草里。

过了一会，俺以为追赶的鬼子汉奸走了，抓着树枝刚要上岸，突然汉奸又一梭子子弹打过来，好在打在杨树上。又惊吓又劳累的俺一下子瘫在水沟里。醒来天都黑了，俺才溜回家。

背战友尸体回家

1941 年 9 月，鬼子“扫荡”了一次，10 月 10 日又进行“双十大扫荡”。9 日晚上，“扫荡”的鬼子和正在整训的八路军 115 师教导第 2 旅第 4 团交上了火。

为吸引鬼子的注意力，这天太阳刚落山，武工队命令刘占堂、我和另一个姓王队员突袭敌人阵地，打算把火力最猛的一个据点拔掉。领到任务后，刘占堂带领俺俩抱着炸药包就出发了。

那是后半夜，整个村子没一点动静。俺三个人偷偷爬到离敌人据点不足 100 米时，刘占堂抱着炸药包就冲向据点，只听“轰”的一声，据点被炸垮，刘占堂也倒下了。俺和那个姓王的队员赶紧跑过去，却发现他已经牺牲了。

革命者的尸体不能抛在荒山野外，我要把他背回家去。俺两个人就背起刘占堂的往回走。可刚要起身，据点残余的鬼子撂过来一颗手榴弹，“轰”的一声，姓王的战友左腿被炸断，不能动弹。俺头部右侧也被弹片崩伤，只觉得脑袋一片空白，鲜血热乎乎地流下来。至今，俺头上还留着 7 厘米长的伤疤。

加入地下党

1944 年，俺担任了县青年抗日先锋队队长。一次执行任务时，我打扮成卖货郎，到各个据点侦察鬼子的兵力部署。

★青年抗日先锋队 〈〈〈

1940 年 1 月，青年抗日武装团体即青年抗日先锋队纷纷在各敌后抗日根据地成立。

青年抗日先锋队平时以维护根据地治安、保护群众生产生活为主，战时则协助八路军作战，主要负责救护伤员、运送弹药、侦察敌情、通信联络等工作，并动员和组织了大批青年参加八路军，为抗日战争胜利做出了重大贡献。

早晨出发后，一路上汗水把衣服都浸湿了，脚上磨起血泡，也顾不上休息。当俺再次穿过一个据点时，被放哨的敌人察觉，反复盘查，还被抓起来。

在鬼子据点，他们把我捆绑在一棵槐树上，一整天没吃没喝，幸好被前来侦察的八路军侦察员刘志远秘密解救了。

记得当时嘴角留着人丹胡子的日本军官十分歹毒，把我捆了之后，让汉奸把我的鞋脱掉，扎在腰里的麻绳也割断了，把双手反背着缠在树上，还得用手提着裤子。敌人还不停地往我嘴里灌辣椒水。被解救后，我就被发展为地下党员。

特殊斗争战敌顽

——“特殊战场”篇

在监狱里坐老虎凳

口述 / 刘朝训

~人物小传~

刘朝训，临沂市沂南县青驼镇青驼社区东村人，1922年8月20日生，1939年5月参军入伍，在鲁中军区受训。1940年加入中国共产党，1941年被任命为临费沂边连县公安局公安队长。在抗日一线，他打鬼子、锄汉奸，威震敌胆，和战友王佃兰被誉为“边联两支枪”。当时，在沂临边联县，一提起刘朝训这人，几乎没有不知道的。

* 刘朝训

我是沂南青驼东村人，上过私塾，上过“洋学堂”，17岁参加八路军老四团，1940年入党。

当公安队长

1940年8月，山东省战时工作推行委员会在青驼成立。1941年，为了打击敌特汉奸，维护社会治安，临费边联县成立公安局，我被任命为公安队队长。当时敌人经常“扫荡”，王洪九的手枪队也整天在青驼街转悠。所以公安队没

★山东省战时工作推行委员会

1940年7月底，山东省联合大会召开，大会通过了《山东省临时参议会组织条例》，颁布了《山东省战时施政纲领》，成立了全省统一的民意机关——山东省临时参议会。大会制定了《山东省战时工作推行委员会组织大纲》，选举成立了全省统一的行政权力机关——山东战时工作推行委员会（简称战工会）。战工会下设政治、军事、财政经济、教育、民众动员5个组，黎玉为首席组长。在联合大会期间，山东省民众总动员委员会、山东省各界救国联合总会、山东省职工救国联合会、山东省妇女救国总会、山东省文化界救亡协会总会分别举行成立大会，讨论通过了各总会的章程、纲领，选举出各总会的负责人。从此，全省实现了抗日群众组织的统一领导。省战工会首席组长黎玉曾说，从1939年夏至1941年冬这两年多"是山东抗日民主政权建立的黄金时代"。

山东省战时工作推行委员会于1943年8月改称山东省战时行政委员会，1945年8月又改称山东省政府。中华人民共和国成立后，改称山东省人民政府。

有固定办公场所，公安局机关白天在小河（今沂南县小河村）办公，晚上就去别的庄躲着，整天在这些地方转战。

公安队的主要任务就是锄汉奸、打敌特。1942秋天，在南店村抓捕汉奸乡长刘宝德时，我的脚部被子弹打伤，不能动了，就被安排到山后河边的小河村休养。俺住的那家的主人是一个老妈妈，还有一个儿媳妇，儿子在张庄区里。天还不亮，老妈妈拿个瓢端着粮食到街上推碾，不过十几分钟回来了，双手扶着门框，急急火火地对我说：小刘，你怎么还不起床啊，庄里的日本鬼子都满了。话还没说完，一群鬼子就端刺刀闯进来，对着屋里喊快出来，不出来就打

＊刘朝训回忆抗战岁月

死你。老妈妈就哭着说："这是俺儿，俺儿有病啊。"她儿媳妇也说，那是俺小孩他爹。鬼子汉奸不信，我估计可能是有汉奸把我认出来了，这样，我就被抓进青驼的据点。

成功逃脱

在青驼据点的监狱里，鬼子汉奸对我用了酷刑。最受罪的是坐老虎凳、灌辣椒水。就是把人的胳膊腿绑在凳子的腿上，脸朝上，用筷子撬开嘴，往里面灌凉水，水里还放上辣椒。水灌多了，就摁肚子把水压出来，压出来还灌。那次差点把我弄死了，好不容易活过来。

组织知道我被捕后，就动用关系营救我，最终把我保出来。我是大年三十下午保出来的，可保出来回家过年也不行，汉奸强行扣押着不让我走，叫我答应在日军"红部"当汉奸，当中队的便衣特务。我就假装答应下来，偷偷写了封信给俺爹，叫他明天告诉公安局的人就说我出来了，让公安局的人装作把我当叛徒逮去。这样做，挡一挡鬼子汉奸的眼，我家属的麻烦还轻点。第二天下午，共产党那边果然来人了，放着枪，还扔了几个手榴弹，把我带走了。这样，我总算脱离了鬼子汉奸的控制。

★红部

抗战时期，一些日军据点既是日军重兵驻扎处，也是关押抗日军民之地，老百姓称之为"红部"。"红部"里有各种酷刑，进去不死也得扒层皮。当时流传着一首歌谣："宁走九江口，不把红部走！"

抗战时俺家是情报站

口述／刘　军

~人物小传~

*刘军

刘军，临沂市沂水县城关南张庄村人。1939年3月加入中国共产党，1940年至1945年从事地下工作，为救国会搜集情报。1945年至1946年在临沂地委党校学习。新中国成立后，刘军在县委工作，常年住农村蹲点调研，一次经过自己曾经蹲点的村，一下子出来200多人欢迎他。有个老太太对他说“俺庄人都想你盼你呢”。刘老常说，那时候在庄里没吃群众一个煎饼，没拿群众一点东西，所以干群关系特别好。现在开展群众路线教育，走群众路线，就应该向那时候学习。

俺家有7个党员

1938年，日军占领沂水城，开始到处安据点。为了监视鬼子动向，党组织在沂水悄悄设了情报站，开展情报搜集工作。情报的内容主要是鬼子的兵力、装备、活动地点什么的。韩家曲村的汉奸有一个中队，东村涝坡的据点只有汉奸，有一二十个人，贾庄有7个鬼子，沂水城有十几个鬼子。党组织就是通过情报工作，对鬼子汉奸的情况掌握得清清楚楚。

俺家暗地里就是一个情报站，我的主要任务就是送情报。当时在沂水城里还有一个情报站。城里的鬼子、汉奸不是经常出来“扫荡”吗，鬼子出动多少人，汉奸有多少，去哪一带“扫荡”，带着几门炮、多少枪，只要一有线索，这个情报站的人就把情报送出来，我再拿着情报送出去，让根据地做好准备。得了情报，咱们的部队能打的就打，不能打的就赶快转移。

地下党组织开会、发展党员什么的，也都在俺家。在俺家开会的时候，就让我放哨看动静。很多党员是在我们家入的党。我是 1939 年 3 月入的党。我在入党仪式上说的誓词是：我志愿加入中国共产党，不妥协、不投降、不退后，不怕困难，不怕牺牲，为共产主义奋斗到底。俺大哥是 1938 年的党员，二哥是 1939 年的党员，三哥是 1940 年的党员，俺嫂子是 1942 年的党员，俺姐是 1941 年的党员，我一个三叔也是 1938 年的党员。那时候，俺家里就 7 个党员。

第一次执行任务

入党后第一次执行任务，党组织派我去常家官庄送枪。当时把枪搁在一个洋麻袋里，叫我背着。我那时候还小，个头也不高，还背不大动。常家官庄有 5 里路，出了俺庄往东走了 3 里，到了井峪就看到来了汉奸。一看汉奸放着抢从山上下来，我害怕了，一时间不知道是去送还是不送，是跑回去还是继续完成任务。我犹豫了一下，就想到了自己说的入党誓词。说了就要去做，心里想就是死也要保证完成任务。最后转了路，悄悄躲开了汉奸，把枪送到。

1942 年，鬼子对根据地“大扫荡”，部队、公安局都疏散了，家是哪里的可以回哪里，枪也可以带回去。那时候日本鬼子和汉奸到处都是，各庄都有。那天我正爬到树上玩，一抬头看到山上有人奔着俺庄来了，还有枪，那肯定是汉奸。当时俺庄后边藏着八路军的 7 个人，我麻利地爬下树，跑去送信，我说不得了啦，山上有汉奸，咱快点翻后墙跑吧。我领着这些人爬过后墙跑了，可没跑多远又在前面遇上了。汉奸就开始追着我们放枪打。追出去一里多路，到了俺庄后面一个山鞍子那里，八路军就架起枪，在那里打了一会，接着又跑。跑到后林里又打了一阵子枪，等跑到了河边，那些汉奸就不敢追了。那次太危险了，要不是我及时发现，这几个八路军肯定跑不了。

我父亲的代号是“309”

口述 / 王廷春

~ 人物小传 ~

王从照，1909年出生于莒南县板泉镇后武阳村。17岁参加革命，1933年加入中国共产党，成为一名地下党员，联络代号为“309”。抗战期间，他带领全家支前，掩护八路军伤员，与八路军一起参加了鲁南境内的上百场战役，于1976年去世。口述者为王从照的儿子。

* 王廷春老人（右一）与妹妹王廷莲回忆父亲抗战经历

代号“309”

俺老家是莒南县板泉镇后武阳村，河流环村而过，两岸树林茂密。1930年后，俺村成为滨海、赣榆、黑林、陇海、阿湖等地地下党、八路军秘密活动的联络地。那时候俺父亲王从照家境殷实，思想进步，得知地下党来到武阳活动，很快就结交了一批地下党朋友。

当时假扮成卖布的侯建辉，是八路军115师最早来临沂探听消息的地下党员。以后任山东省林业厅副厅长的王子虹、任铁道部副部长的吴冶山等同志，那时候都和俺父亲结识。他们动员俺父亲参加地下党活动，并把俺老家作为共产党的秘密联络点。从此，俺父亲还有了联络代号“309”，负责情报传送。父亲和母亲二人靠烙煎饼、炸油条维持生计，这一身份也成了他们传送情报的掩护。

但不幸的事情发生了。1931年的一天，父亲正和几位地下党员秘密开小会，被坏人发现告发。他和同为地下党员的“207”等四个人被抓。在国民党设在临沂城里的监狱中，父亲受尽折磨。因受重刑，致使双眼几近失明。但他们四个人视死如归，酷刑也撬不出来半个字。由于严守党的秘密，维护党的利益，在监狱中父亲被党组织正式批准为中共党员，秘密加入共产党。

直到1933年，在被敌人关押折磨了近3年，他们才被党组织营救出来。出狱后，由于医治不及时，父亲的左眼彻底失明了，仅靠右眼模糊看东西。后来，村子人都不再叫他的名字，称他为“瞎子”。

油条筐送子弹

尽管左眼失明，但父亲出狱后仍继续利用卖油条的身份，把情报送到各个地下党联系点。

那时，父亲的地下党联络员王子虹已任沭水县县长，他打听到父亲还健在，曾到家中看望。见一家居住环境恶劣，当即提出让全家人搬到沭水县城去，但被父亲婉言谢绝了。

1939年，八路军115师进入山东。那时候，父亲的任务除了传送情报外，还为115师作掩护，秘密运送子弹。

有一次，父亲拉着毛驴，驮着两个油条筐子，里面藏满子弹，秘密往115师营部送。这些子弹都是从滨海专署领取的，走到中途时，被巡逻的鬼子发现了，他们质问这些子弹从哪来、往哪儿送。父亲一口咬定是自己买来卖的，还真就哄过了鬼子，但两筐子弹被没收了。

1942年，敌人决定对抗日根据地进行“蚕食扫荡”。独立营得知消息后，要求立即转达给地下党组织，通知到各个联系点，动员群众立即转移。情况紧急，父亲就把情报夹在煎饼里，驮着油条筐，趁天不亮就出发，将情报送到了十几个联络点，确保了地下党和当地群众安全顺利转移，躲过了敌人的“大扫荡”。

父亲联络的板泉、武阳片区、河西敌占区各联络点，经常会有鬼子、汉奸出没。一看到他们，他就拿出油条送给他们吃，应付过去。有一次，八路军游击队3名队员被鬼子追赶，到了武阳村村西头，父亲和民兵武装立即掩护。他们拿着土炮，向村北放了两枪，想把敌人引开，不料敌人狡猾，分成两路向村北和村里追来。敌人扔出两颗手榴弹，弹片崩到了父亲脚上，但为了不被鬼子发现，他强忍剧烈疼痛隐蔽着不动，直到鬼子离开。这次受的伤，父亲养了近半年时间才康复。

抗战期间，父亲充分发挥联络员的作用，配合抗日游击队独立营、八路军115师、山东纵队的战斗，参与了大小战役上百场，并多次中弹受伤。

母亲被抓

我母亲名叫王德坤，虽然没有文化，但恨透了日本鬼子，对全家抗战大力支持。

一次鬼子和汉奸追踪地下党、八路军到了俺村，搜了个遍，最后把目标锁定到俺家。敌人问父亲是不是参加了游击队，母亲一口咬定“没有！”敌人把桌子敲得“咔咔”作响，又问有没有八路军游击队来过，母亲仍咬紧牙关一口咬定没什么人来过。

敌人胡乱推搡了一阵，最后抓走了母亲和她堂嫂。当时俩人都只有20来岁，怀里还抱着孩子，却遭到敌人枪托和皮鞭的毒打。俺奶奶上前护着，也被鬼子掀倒在地。

为逼迫她们说出八路军地下党的情况，敌人把两个孩子像扔皮球一样来回扔来扔去，摔打够了，又拎起奄奄一息的孩子走到火炉旁，嚷嚷着要扔到炉子上烤烤吃。两个母亲撕心裂肺地哭喊、哀求，直到把头都磕破了，鬼子才把孩子放下来。

得知这俩人被抓后，亲戚庄邻非常着急，托汉奸从中疏通放人。鬼子看她俩是农家妇女，问不出什么线索，答应每人交上100块大洋就放人。亲戚们连夜凑齐了钱，这才把她们赎了出来。

从那之后，母亲更是铁了心抗日。父亲送情报，她就在家碾米磨面、烙煎饼、做军鞋。一次，一位负伤的八路军战士两天没吃东西没喝水，还受了伤，走到俺家门口，立刻就被母亲请进屋，拿出煎饼、咸菜，端来茶，又用温水给他泡了脚。战士临走时，非要把褂子脱下来送给小孩做衣服，被母亲坚决拒绝了。

抗战时期，俺父母掩护救治了不少八路军伤员，家里仅有的米、面粮食都给伤员烙煎饼吃了。

如今父亲逝世已经快四十年了，我也快九十岁了。我想趁着自己还活着，把他的故事多讲给子孙后代听听。

父亲为抗战捐出整个家业

口述 / 高冠峰

~ 人物小传 ~

高崇山，20 世纪初临沂城最早从事裁缝业的手艺人之一。抗日战争爆发后，高崇山目睹日本侵略者的暴行，也被我们革命队伍在衣不蔽体、食不果腹的艰苦环境下坚持战斗的壮举所感动，毅然做出一个不论在当时还是在现在都让人肃然起敬的决定：捐出自己辛苦挣下的家业，连人带设备投身革命队伍，以实际行动为抗日战争贡献自己的一份力量。口述者高冠峰老人，今年 78 岁，是高崇山的儿子。

* 高冠峰

我的父亲叫高崇山，出生于 1898 年，是后朱井寺村（临沂市河东区后朱井寺村）人。我父亲 8 岁那年爷爷离世，为了讨生活，他来到临沂城，跟随一位姓赵的裁缝师傅学手艺，成了个裁缝学徒。

“老高裁缝店”名声很响

和其他行业一样，裁缝也有行规。裁缝敬奉的祖师是轩辕氏，量布的尺子就叫“轩辕尺。”听父亲讲，当学徒不是一件容易事，得能吃苦、肯卖力，至少要本本分分地做上三年方能出徒。

父亲跟着师傅先学“滚边”，他下心思、肯动手，手艺进步很快，原本雷打不动的3年学徒期被师傅破例允许提前结束。没几年的工夫，不懂得“讨巧”和“偷工减料”的父亲便学得一手好裁缝活。

当时在沂蒙地区，费县的纺织业相对发达，《临沂百年大事记》记载：“1908年，费县城关人徐伟信开办‘恒兴线店’，每年买进约一千公斤蚕茧，缫制丝线50—100公斤。”当时只有十多岁的父亲也正是看中了这一点，凭借着平时省吃俭用积攒下来的积蓄，来到了费县县城，开了一家属于自己的裁缝铺子，也开始收徒授艺。

父亲为人忠厚，做生意脑子也活，他的裁缝店可以赊账，做出的衣服顾客不满意还能退货、赔料。一传十十传百，慢慢地，“老高裁缝店”在顾客当中树立起了良好的口碑，名声很响，不仅大户人家找他量体裁衣的越来越多，连普通老百姓也都走进了他的裁缝铺子，“价格公道、手艺上乘”，是当时许多人对“老高裁缝店”的评价。

生意好了，店里的缝纫机就多了，帮工学徒的也多了。短短几年，父亲的裁缝铺子就成了全县最大的一家，父亲由一个土生土长的庄户人，靠着自己的勤奋和努力，成了一名在当地小有名气的商人，创下了一份不薄的家业。

连人带设备投身革命

1937年，抗日战争全面爆发。为躲避战乱，父亲带着一家老小和几个不愿离开的学徒，拉着店里的几台缝纫机回到老家避难。在日本人占领临沂城期间，曾有人邀请父亲到城里开店，为日本人做些缝缝补补的活，都被他回绝了。

听父亲讲，到了1942年，滨海地区，就是现在的临沭一带，日本鬼子采取了“三分军事，七分政治”的政策。再加上当时国民党五十七军顽固派代表孙焕彩的背信弃义，占了甲子山，不断向根据地进攻，在这种情况下，滨海区要对付鬼子进攻，还要提防国民党顽固派，各方面面临的困难可想而知，军队供给几乎就没有了，战士们连发霉的地瓜干和粗粮煎饼都不能保证，军装、子弹袋和干粮袋什么的更没办法解决了。

1943年，为解决穿衣问题，滨海军区后勤部决定成立被服厂。父亲知道后，主动找到部队，带着自己的十多个学徒和全部的缝纫设备，投身到革命队伍当中。父亲被任命为滨海军区后勤部裁缝班班长，曾给谷牧、罗荣桓等领导人做过衣服。

当时我只有六七岁，年纪小，不能懂得为什么把自家东西送给别人。父亲告诉我们，他虽然是一个商人，但分得清大是大非，日本人侵略中国，他宁死也不会做亡国奴。为了抗日，别说是出人出设备，就是出性命他也能做到。

父亲叮嘱要牢记军民是一家人

被服厂的成立，改善了滨海军区战士们的穿衣服问题。1945 年 3 月，父亲主动要求到被服厂军工班工作，为战士们缝制棉被和军服。当时的军工班由 30 多名未成年的孩子组成。为了赶工，每人每天平均要把 640 块零碎布片缝制成 20 套单衣，据说每天用的线就长达 660 米。

数量上有了提升，当了多年裁缝的父亲对质量要求也不放松，军服要不露缝，缝头小，每寸都保持 16 到 18 个针码。当时有的战士还不相信，父亲就让他们从几十件、上百件衣服里面抽检，大家惊奇地发现，没有一件不合乎标准。

父亲的严格要求和强烈的责任心，带动起全厂工人的热情，每个人都不甘落后，全厂工作效率大大提升：一等工人制衣数超过标准数的 18 至 20 套；二等工人超过标准数的 16 套至 20 套；三等工人超过标准数的 13 套至 20 套，平均数超 15 套。

父亲还鼓励工人打破保守思想，成立互助小组，小组成员要积极交流技术心得，谁都不要藏着掖着，好便于改进生产技术，为战士们多做一床被，多添一件衣。

父亲虽然去世得早，但他对我们几个兄弟姐妹的影响却很深。父亲在世时，时常念叨，没有共产党就没有现在的生活，是共产党赶走了日本鬼子，后辈们要永远牢记，军民是一家人。

我是八路小情报员

口述 / 王志敬

~人物小传~

王志敬，临沂市河东区汤头大南庄人。1925年生，1944年1月入伍，1945年7月入党，历经抗日战争、解放战争、抗美援朝战争，被授予解放奖章、独立功勋荣誉章，被朝鲜民主主义共和国授予功勋章。先后历任班长、排长、政治指导员、干事、县人武部科长、部长等职。战斗中身上曾七次受伤，最严重的是抗美援朝时肺部被打穿。1982年2月离休后住在临沂第三干休所，享受副师职待遇。

* 王志敬

我12岁就去当童工

我从小过的就是穷日子。9岁时父亲得了病没治好，去世了。那时候真是穷，家里连吃的都没有。12岁时，母亲带着弟弟、妹妹到江苏沭阳一带逃荒要饭，我就去给地主家当童工，给人家放猪放牛，吃不饱，还挨打受骂。

13岁那年，日本鬼子开始在临沂设据点，还勾结一帮土匪汉奸，无恶不作，老百姓日子没法过了。这时候，八路军的队伍也在咱们这一片活动，老百姓知道八路军好，都愿意参加八路打鬼子。我有个表哥，在磨石沟区当文书。在他的介绍下，1942 年 12 月 15 日我加入了共产党的情报组织。当时组织上的人跟我说，共产党是穷人的党，是人民的救星，穷苦百姓依靠共产党才能翻身。我受穷受苦怕了，就盼着翻身过好日子，对八路军充满向往，就干起了情报员。

庙里的老和尚救了我

当情报员，就是白天挎个小篮子，篮子里装上烟、糖、瓜子什么的，扮成卖东西的小贩，到鬼子汉奸占领的地方转悠，看看敌人碉堡修在哪里，哪里有机枪，看完就赶快跑回去给联络员送信。当时我还不识字，就画地图画圈圈告诉联络员，联络员再把情报送给八路军。

做情报员工作很危险，稍不注意就会被鬼子汉奸发现。有一次我到敌占区相公庄侦察情况，这事被汉奸知道了，到处抓刺探情报的小八路。我就逃到了相公庄的南寺庙。到了那里，老和尚赶紧给我换上小和尚的衣服，叫我在那里敲木鱼。一会儿汉奸的一个班去庙里搜索，说你们这里有小八路来了。那个老和尚就说："阿弥陀佛，善哉善哉，我这里没有八路，这庙里没有八路。"这个老和尚把俺给救了。

暴露了身份，就不能做情报员了。1944 年 1 月，我入伍当了八路军。入伍第七天，我就跟随滨海军区第 4 团去打了一场埋伏。那一仗我们打破了鬼子的汽车轮胎，成功阻止了鬼子的一次抢粮行动。到了这年夏天，部队开始打敌人的据点，打炮楼，我们从黑家岭一直打到陇海路这边。先打了马头据点，又打小南庄、大哨、相公庄，北边打下疙瘩墩、峨庄、独树头这些据点，接着打费县。一年的时间摧毁了敌人一百多处碉堡。1945 年大反攻，我们又参加了攻打临沂城的战斗。

我们是为穷苦人打仗

那时候没有营房，部队到哪里都住老百姓家。有的老百姓就问我，孩子，你打仗害怕不？我说我不害怕。当时打仗真不害怕，因为我们受的教育就是三条：

一是为穷苦百姓打仗，打仗要勇敢不怕死；二是要牢记全心全意为人民服务的宗旨；三是要将革命进行到底。所以我们当兵就是打鬼子，怕什么！

住在老百姓家，我们就帮着老百姓干活，给老百姓挑水、收庄稼、拉犁耕地，干一天也不觉得累。咱那个时候八路军很穷，吃的是花生皮、地瓜秧，用铡刀铡，用锅炒，用碾轧，弄完筛出面，再掺上点黄豆做成饭吃。咱是人民的军队啊，咱多吃一口这样的饭，才能多给老百姓留下一口粮食啊。

我们的歌声就是武器

口述 / 秦保华

~ 人物小传 ~

* 秦保华

秦保华，1924 年出生，临沂市郯城县马头镇人。1939 年 3 月，他参加了当时郯城县青年救国团。1940 年，调到八路军 115 师政治大队青年剧团，用歌声做革命宣传动员工作。先后参加过郯城县徐圩子、停车庙等战斗。新中国成立后在郯城县科技局退休。从 2000 年起，老人就着手整理记忆中的那些歌曲，老人的最大心愿就是把那些在他脑海中萦绕了七十多年的抗战歌曲完整地记录下来，留给后人。岁月催人老，时光不等人，祝愿老人的心愿早日变成现实，为我们的沂蒙抗战历史留下一笔宝贵的精神财富。

参加救国团搞宣传

1938 年，日本鬼子占了郯城。那年我 14 岁，也算是个高小毕业的“文化人”，受到抗日斗争宣传鼓动，心潮澎湃，就去参加了郯城县救国团，走上用歌声去战斗的革命道路。

在救国团里，我们平时就在敌人“扫荡”空间写宣传口号。那时候，就把油印机、钢版、钢笔这些东西都带在身上。刻了印，印了贴，大街小巷都贴满了抗战口号。

那时候我小。有一次，三十多个日本兵从郯城县城到马头品尝名吃汪元大店铺点心。等鬼子们走到马头镇戏楼前喝粥时，领导让我去侦察，结果我光顾着看鬼子喝粥，忘了回去报告。幸好剧团把藏在地下室的 13 支枪迅速转移，才没被鬼子发现。事后我被领导训了一顿。

1940 年，我调到 115 师政治大队青年剧团。这是一个由六十多个少年组成的宣传队，和山东军区司令员兼政治委员、山东分局书记的罗荣桓住在一个院子里。

后来鬼子“大扫荡”，剧团被冲散，我就去了江苏继续读书。1943 年，父亲被捕后，我的衣食无着了，只好回老家给地主家帮了两年多的工。1946 年抗战胜利后，我又参加了游击队，直到新中国成立。

自编歌曲鼓士气

我这里有一本《抗日战争时期、解放战争时期部分革命歌曲选》，是我自己回忆着编写的，这是我的传家宝。里面一共收录了 40 首歌，当中有不少还是当时我们青年剧团自己编的。可惜当年的油印机、钢版、红缨枪都没有了。

★青年剧团原创歌曲《临郯青年团歌》

苍山浮着白云，沂河流着黄金。这是我们抗战的据点，鲁南的重镇。这里土地肥美，养活了我们的祖宗和我们。我们为了生存下定了抗战的决心，我们活泼、勇敢、朴实、坚定，更有牺牲的精神。团结团结团结，我们临郯青年大家一条心，一面抗战一面学习，更要树起建国的责任。不避艰险，不怕困难，我们推动着时代，时代推动着我们，临郯青年、青年向前进！进！

青年剧团生活很艰苦，当时无论冬夏，我们都是赤着脚穿着半截的短裤唱歌。

把红缨枪一放就跳起来，唱得大家热血沸腾。我们唱完了，大家就互相鼓励，相信胜利不远，胜利属于我们。

那时候的歌都是慷慨激昂的曲调，号召人们团结起来，抗击日本帝国主义。我现在还能唱出三五十首，那些曲调永远忘不了，有一首歌是“拿起我们的红缨枪，保卫祖国上战场，看你鬼子敢冲撞，给你一枪回东洋……”

我现在的心愿就是希望能把这些歌都整理出来，贡献给社会，让大家更了解那场战争。我不懂谱，没有办法记录下曲调。当年的战友都在敌人的“扫荡”中失散了，也无法再让他们帮忙记谱了，很可惜。

我在后方医院当护士

口述／陈高勋

~人物小传~

陈高勋，1925 年生。1940 年在八路军山东纵队教导二旅宣传队任宣传员。1942 年任滨海平民医院护士、护士长，在后方医院负责护理伤员，负责掩护伤员躲避日军的“扫荡”。1946 年任滨南医院护士长。1947 年成为中国医科大学学员。1979 年主持组建临沂中医医院、临沂肿瘤医院，一生为临沂卫生事业的发展做出了突出贡献。

＊陈高勋

一天忙到晚不觉得累

我参加八路后，先是在宣传队里干宣传员，因为年龄小，后来我又到医院做护士。从此我一生就和医务工作结下了缘，干了一辈子。

抗战时期，在咱沂蒙根据地建立了很多战地后方医院。1942 年以后，我在滨海莒南卫生所当护士。那时候医院条件都很简陋，药品缺乏，医务人员也不足，场所更没办法固定。虽然咱这个卫生所条件差，但我们救治的伤号却不少。

当时药品非常缺乏，就是用一些中药消炎。医疗技术也比较低，通常就是包包扎扎。一些必须开刀做手术的重伤员，也会尽量开刀。开刀缝合之后，加强护理是最重要的。

当时卫生所里就我和穆文俩人，治疗、护理、打针、换药，所有的过程都是俺两个人干，最多的时候，一天晚上转过来八十多个伤号，从早上一直忙到晚上，也不觉得累。

从 1941 年开始，日本鬼子对咱根据地的“扫荡”更频繁了，战地医院就想尽一切方法保护好伤号。

挖洞掩护伤员

日本鬼子来“扫荡”的时候，我们就是以隐蔽为主。但我一个人带二十多个伤员，怎么隐蔽？就是靠老百姓。躲到一个庄后，我就想办法把伤员四户分一个，吃饭什么的由这四户照顾，打针、换药就由我去。每四户人家弄一副担架，如果有紧急情况，这四户就想办法抬着伤员转移，离开这个地方。

靠沂蒙百姓的支持，我们才一次次没出事。老百姓很有办法，遇到鬼子紧急“扫荡”，就挖地洞隐藏伤员。最常用的办法就是，遇到紧急情况不能转移，就在垒梯田的墙上挖个洞，在里边给盛上饭，盛上水，把伤员送到洞去，送过去以后，再用石头砌起来。上边种地，下边是地洞，在外面根本看不出来。伤员在地洞里边有水有饭，放一个星期没事，可以躲过去。

鬼子对伤员也屠杀

1943 年时，鬼子又来“大扫荡”。这次他们利用拉网战术，对根据地进行合围。那一天晚上，整个的从岚山头到甲子山接近一百里的地方都被围起来了。很多村的老百姓都提前跑出去，跑到湖里隐蔽，还有的跑到山上隐蔽。庄里边没有了人，鬼子就放火烧老百姓的房子，几乎庄庄都在着火。

老百姓和八路军伤员也有被鬼子围住的时候。我知道的最残酷的一次是在大山，就是莒南县的大山。日本鬼子把整个大山给围起来了。那个地方有个二所，二所连伤员和卫生人员有二百多人，加上大山庄的老百姓，都被赶到大山山顶上去了。跑不出去了，就和鬼子们拼命。就那一仗，伤亡了大概有三四百人。在大山那个村前边，有个烈士林，就是当时牺牲的那些人的墓地。

也有卫生人员和八路军伤员被鬼子俘虏的。俘虏以后，鬼子对他们施以暴刑。鬼子施刑的方式就多了，最残酷的是用铁烙铁烧红了以后，烙身上一些地方，这是最残酷的。再一个就是把人吊起来，脚朝上、头朝下，用鞭子抽打。用刑之后，还对他们进行屠杀，惨无人道。

★大山战斗

莒南县坪上镇厉家寨村西，有座海拔560米的大山，周围群峰耸立，重峦叠嶂，战略位置非常重要，这里曾发生过一场激烈的抗日战斗。

1944年8月，1500余名日军在坪上一带分几路向大山“围剿”，1000多名群众和军区野战医院二所几百名伤病员陷入敌人的重围之中。滨海军区六团接到大山根据地被日军包围的来电，命令六团派出部分兵力急赴大山救援。六团团长贺东生接到任务后，率领“何万祥英雄连”日夜兼程，赶赴救援地。敌人兵力是我军的20倍，还调来飞机、大炮进行狂轰滥炸。八路军战士英勇拼杀，打退了敌人的一次次进攻。此战共杀敌80余人，我军牺牲数十人，贺团长负伤。正是由于贺团长亲自指挥的一排和二排战士与敌人英勇厮杀，坚守大山阵地，钳制住了全部敌人，被敌人包围的群众和伤病员才胜利脱险、安全转移。

军民鱼水情无间

——军民关系篇

当兵先学“三大纪律八项注意”

口述 / 上官清敏

~人物小传~

上官清敏，15岁参加革命，抗日战争期间在鲁南一带打游击。参加过峄县、枣庄反击战以及淮海战役、渡江战役、抗美援朝。1955年退伍后回到老家罗庄小山后村。老人对年轻时经历的战斗记忆犹新，但他无论讲哪段的抗战故事，反复强调的就是“我们跟鬼子、汉奸打游击主要是依靠老百姓，没有老百姓的拥护，仗是打不赢的。”他说，当时队伍转移到哪个村，老乡都会主动腾出床铺，还给洗衣服，做缝缝补补的针线活。那个时代的军民鱼水情，共产党永远不能忘记，不能丢掉。

*上官清敏

我1927年出生，家是小山后（今临沂市罗庄区罗庄街道小山后社区）。我们村向西十几公里就是傅庄，抗战时期鬼子和汉奸在傅庄有据点，经常出来“扫荡”。村里很多人被抓去给鬼子挖壕沟、修路、垒碉堡。我也被抓去修了一段时间碉堡。

参加鲁南武工队

我被鬼子抓去当苦力，眼看着鬼子欺负咱们中国人，就决定去当兵打鬼子。俺村南有座山，名叫青云山，鲁南武工队经常在青云山上活动，伏击路过的鬼子。1942 年 10 月，我偷偷跑去参加了鲁南武工队，那时我才 15 岁。

鲁南武工队主要在郯城、兰陵一带活动，当时有八十多个人，人手少，装备也差，武器除了“土压五”“汉阳造”就是大刀片子。我们都是趁夜里割电线、扒公路。再就是跟鬼子打游击战。游击战就是看着能打胜就去消灭他一部分，打不胜就撤退。白天打，晚上也打，说不清什么时候打。打的仗多了受的伤也多，我倒没受过重伤，没有伤筋动骨过，都是轻伤，被炮弹皮打穿过胳膊、崩过腿，有时候正跑着看见自己出血了，才知道负伤了。

在临沂城、罗庄傅庄、郯城李庄，一路上都有鬼子建的碉堡，驻扎着汉奸。这些据点，我们和临沂县大队、沂西大队、沂河支队合作，都多次攻打过。除了打游击战，武工队还打伏击，开展阻击战。一次我们武工队提前知道有鬼子汉奸出来“扫荡”，准备到焦邱庄抢老百姓的粮食。武工队连同各庄民兵就提前埋伏在南涑河东岸。河有二十多米宽，不久就看见一小股鬼子汉奸队从河西扛着枪朝东走。他们准备要过河时，我们开枪打了他一个措手不及。敌人摸不透咱这边队伍什么情况不敢过河，就向河东岸扫射，我们依靠河滩地堰隐蔽，等敌人火力停下来，又是一阵射击。前前后后僵持了一个多小时，敌人眼瞅着赚不了便宜就后撤了。

我记得有一对父子，打仗的时候特别勇敢，打鬼子都很坚决。儿子是民兵队长，号吹得特别好。父亲是个会长。那次冲锋，民兵队长就站在坟顶上吹冲锋号，让鬼子一枪打下来了。打下来的时候他父亲在那里，一看儿子滚下来，也忘了躲了，不顾生死地去拉他儿子，接着一枪被打倒，爷俩都死了。打仗就是残酷。

官地村突围

1945年日本宣布正式投降后，峄县的日、伪军却不投降，还配合国民党军向解放区进攻。咱们部队决心对峄县的日、伪军发起进攻。峄县城外有壕沟，壕沟挖得很深，里面有水不容易过。敌人还架起机枪抵抗，咱这边攻城没有重武器，就靠炸药爆破。送炸药爆破时，首先轻重机枪掩护着，用炮火盖着敌人才能冲过去。那时候我在鲁南军区特务营，我们的任务主要是在北门外为攻城部队掩护作战。在我们的掩护下炸药爆破成功，进攻部队迅速冲进去。一进去敌人就没办法了，守城的1500多个日军、汉奸全部破歼。

*八路军解放峄县

打下峄县后，驻枣庄的鬼子又不按时缴械。汉奸王继美带领五六百人，和一小队日军还偷袭咱，制造了“官地惨案”。鲁南军区警备九旅十七团四连、九连驻在官地村那里，早晨四点钟左右被包围了。当时，我和部分战友从官地村东侧突围出来，九连指导员杨玉环他们五十多人牺牲了。

★官地惨案

1945年10月3日，汉奸王继美部制造了骇人听闻的官地惨案。当时鲁南军区警备九旅十七团四连、九连为迫使日军尽快投降，于2日晚奉命进驻官地村，被特务告密后，遭王继美部包围。3日清晨王部发动攻击，由于敌众我寡，加之为掩护群众，八路军牺牲五十余人，38人突围，74人被俘，其中11名党员干部惨遭杀害。

当兵首先得学唱“三大纪律八项注意”

那时候，游击队也好，部队也好，都很得民心。部队都住在老百姓家里，住老百姓家就得对老百姓好，大家明白爱护群众、爱护百姓，才能得到老百姓的拥护。整天唱“三大纪律八项注意”，当了兵，首先这个歌得学会，知道不能动老百姓的一根草，要给老百姓挑水、打扫卫生、铡草。部队在傅庄住的时候，吃完饭没事就去给老百姓割麦，老百姓给买的黄瓜、买的茶，不能吃也不能喝，就是不准碰老百姓的东西。干活归干活，干完活回去开饭，开过饭没事、没什么任务，就去给老百姓干活。

＊八路军战士给老乡打扫卫生

这样，部队到哪里，老百姓一听说八路军来了，全欢迎啊。自己的床铺都让出来，老百姓的床铺也不准动，就是不许违反群众纪律。群众对咱好，对咱亲得不得了，咱见了大娘大爷也就跟见了自己父母似的。

打鬼子主要是走群众路线

口述 / 汪宝山

~人物小传~

汪宝山，1926年生，1944年2月入伍参加新四军，被编排到新四军二师安徽省来安县张山中队。1945年2月加入中国共产党。入伍以后，不识字的汪宝山从抗战期间就自学识字，后来还进入高级陆军学校学习。1979年于山东省苍山县人民武装部科长职位离休。离休后，老人仍关心着国家发展，特别是抗日战争胜利70周年纪念日到来的时候，老人每天都要看书看报听广播。他说，中央这么重视，我很高兴啊！我90岁了，但现在身体还可以，如果国家需要，我还能扛枪去保卫钓鱼岛！

* 汪宝山

为什么我们打鬼子坚决

为什么我们打鬼子坚决，那是因为鬼子“扫荡”进了村庄，拿我们中国人不当人啊！进村后就要烧房子、杀人、抢东西，烧光、杀光、抢光，祸害老百姓。我们部队到了以后，看到那惨景，眼睛都红了。因为要保护百姓，我们打鬼子就十分坚决、顽强，不怕牺牲。战斗最激烈的时候就拼刺刀。日本鬼子个子不算高，但是有劲。有一次拼刺刀时，鬼子把枪横着去打我的眼，我一翘头，结果把我的牙全部打断了。

有时候为了了解敌情，指挥部不让打死鬼子，要逮活的。我在突击组的时候，我们七个人曾逮过三次鬼子，有一次，我利用敌副官结婚的机会，带领突击班俘虏了 4 名日本鬼子。第三次我头上还负了伤。

那时候我们的武器装备不行，子弹也不多，子弹全靠敌人“支援”，就是缴获他们的子弹来装备自己。武器不如他们的厉害，我们就要靠智取，一个是埋伏，他们最怕咱们的暗枪，第二个就是抓住敌人防守的弱点，比如下雨下雪时，他们就放松警惕，趁这个时机消灭他们，还有就是过年过节，他们忙着过节，图欢乐，这也是消灭他们的时机。

我们和老百姓非常融洽

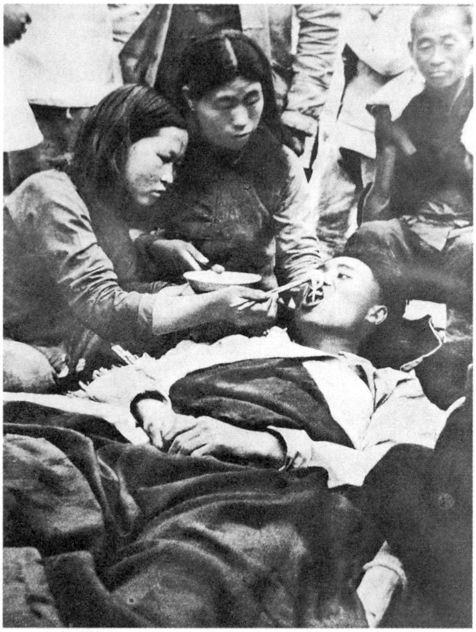

* 沂蒙老区的老百姓精心照料伤员

那时候根据党中央的指挥，打鬼子主要是走群众路线。就是一方面保护群众，一方面依靠群众，所以军民关系非常融洽。我们部队到哪里都帮着群众干活，帮他们把缸里的水挑满，收获季节时就帮群众割麦子、稻子，种大豆。我们执行“三大纪律八项注意”很严格，在老百姓的地瓜地里、花生地里干活，一个地瓜、一粒花生也不能吃。群众都看在眼里，记在心里。所以群众就拥护我们的军队。给军队送情报、搓绳子做腰带、打草鞋。群众还抬担架送伤员，支援前线，这对我们是很大的鼓舞。

群众是我们的靠山，我是有亲身体验的。我头部负伤以后，摔到山下边去了。

一个大娘让我住进她闺女房间。后来有鬼子来大娘家，指着我问怎么回事，那大娘就一边哭一边说：“我儿子在山上打石头，把头打伤了。”鬼子琢磨了一下，相信了，大娘就这样冒险把我保住了。

我们打鬼子为什么取得胜利？就是有群众的支援和拥护啊！

我们国家现在发展得很快、很好，再不是70年前小米加步枪的时代了，什么样的先进武器我们都有了。光有好武器还不行，得教育好青年一代，不能忘记历史，今天的幸福来之不易，不是天上掉下来的，没有那个艰苦的时候，没有流血牺牲的战士，就没有今天的幸福。

做到“三个不能走”

口述 / 王同富

~人物小传~

王同富，1943 年 9 月入伍，在部队从事后勤工作。1944 年在军区特务连当战士。1946 年入党。1950 年为南京警备师排级干部，后因病转入苏北军区疗养大队，1952 年复员。后离休。说起抗战岁月八路军为什么能打胜仗，王同富老人说那就是因为群众路线确实走得好，不是靠喊口号，而是靠着实际行动。

* 王同富

抗战那会儿，咱八路军主要是打游击。打游击怎么个打法？就是敌人强了俺就退，敌人弱了俺就揍你，咱不能硬碰硬啊。那时候部队子弹奇缺，给三发子弹还有两颗可能是打不响的。打不过咱就撤，就转到他后面去，打他的后方，搞运动战。比如，我们的部队在滕县住着，却要去打费县的鬼子。下午四点就开始行动，先是步行，到晚上七八点钟就开始跑步行军，一直跑。到了后能打开就打，打不开赶快撤。打开鬼子的据点，咱就上去拿枪拿东西，用敌人的武器来装备自己。

那时候八路军打仗勇敢，还主要在于干部带头。比如，连长打仗的时候都是冲在前面，他不能退却。那年打阻击战，冬天很冷，我们连长仍脱了棉袄在前面指挥。

鬼子想困死我们

1944年，日军“扫荡”五莲县，我那时候在后勤。我们后勤人员和当地的老百姓被敌人追赶到一座山上。当时咱八路军有一个连的兵力，老百姓里面也有民兵，人数不少但咱不敢硬打，敌人的武器好啊。上了山以后，因为山很陡峭，敌人爬不上去，就退下来了继续包围着，在那里围了一天一夜。大家没东西吃，水也喝不上，鬼子还不停地打炮，炮弹一个接一个地打过来。鬼子就是想困死我们。

到了第二天的下午，大部队来解围了。增援的八路军把鬼子反包围起来，在外边围着他打，后来又冲上来和鬼子拼刺刀。山顶上的战士、民兵还有老百姓一看，也冲下来和鬼子拼命，敌人就抵抗不住了。那次咱的部队也牺牲了不少人。

做到“三个不能走”

抗战时期，咱部队和群众那真是一条心。部队走到哪里，都是严格执行“三大纪律八项注意”，不能违反。战士们也互相监督，比如打仗的时候我和你一块行军，我要是摘个苹果吃，你就要向部队汇报，这就是执行群众路线，就是捡了掉在地上的苹果，你也得给搁在那里。

部队那时候要求做到“三个不能走”：借了群众的东西没送回去不能走，毁坏了东西没给人赔偿不能走，院子没打扫干净、水缸里没挑满水不能走。我们到哪里都要帮助群众收麦子、耕地。当地有汉奸、特务、土匪什么的，咱们的部队也要给解决掉。这样，咱部队到哪里老百姓都说来大救星了，都自愿把房子收拾出来给咱住。部队走的时候老百姓也都进行欢送，都说快煮鸡蛋给带着，战士不要就硬往小背包里塞。部队打了胜仗，群众还组织慰问，杀猪宰羊送给部队。

那个时候老百姓生活很苦，有地瓜干煎饼也舍不得自己吃，都是吃地瓜秧煎饼，把地瓜干煎饼拿给部队吃。我们不要还不行，裹着小脚的老大娘一溜小跑跟着旁边，说：“同志啊，你是俺儿，你快吃吧，饿了就吃。”你想咱打起仗来能不拼命吗。

根据地比自己家还亲

口述／陈瑞等

~人物小传~

陈瑞等，1924年生，临沂市蒙阴县常路镇大常路村人。1944年参军入伍。1945年入党。新中国成立后，陈瑞等回到地方供销社工作。陈瑞等做乡镇供销社第一任领导，一干就是28年，始终保持两袖清风，走到哪里都戴着党徽。有求他办私事的，他就用手指指党徽，严词拒绝。他常说自己最看不惯拉拉扯扯、称兄道弟的行为，共产党员来自五湖四海，就和亲兄弟一样，何必再称兄道弟。为此还得了个“陈瑞等的头——难剃”的典故。

* 陈瑞等

我小的时候，到处闹土匪。我父亲就是被土匪绑去的。被土匪绑去以后，音信全无，我的名字叫陈瑞等，就是等着父亲回来的意思。

八路军解救了我

俺母亲是1943年10月26去世的。我上无兄下无弟，母亲去世后，就剩下了我一个。那个时候穷得吃不上喝不上，汉奸还跑到村里要给养，老百姓哪有钱交。汉奸到村里收给养收不上来，就想杀鸡给猴看，就拿我当“典型”，把我弄去押起来。别人不是都扛着不交吗，我是全庄最困难的一个，汉奸把我抓去，就是叫别人看看，家里再穷，拿不出给养也不会被放过。

正好这个时候，八路军的泰南基干营来打汉奸，汉奸被打跑了，俺这些被关押的人才被解放了。放出来的时候，正好有个党员也在这里，他认得我，就让我赶快回家。我说俺家里也没旁人了，俺不回去了，俺要当兵。就这样，我就在这个营里当了兵。

在部队上我很积极

当了兵以后，我感觉找到了家，学习、打仗干什么都高兴，都很积极，一心想打鬼子打汉奸。那时候给我的武器是个老套筒子枪，拿在手里很新鲜，就老想试试，结果头一仗沉不住气，我打了第一枪，打早了，我还因为这个挨了批评。

当了八路后就天天打仗，小仗打了多少没数过，把敌人包围起来后，有把握吃掉它就打，吃不掉就撤，不能赔本，因为咱的队伍力量小，子弹也少，一个人就给个三发两发的，还舍不得放。战斗中，都是采取以战养战的办法，就是把敌人消灭后把他们的武器和子弹弄过来，补充自己，补充了之后再准备打下一仗，决不打赔本的仗。有一次打泰安光华寺，俺连在西边，三连在东边，四连在南边从下往上攻。北边是敌人的车则大队，在山顶上。车则大队没什么战斗力，被四连攻得一个劲后撤，结果越往北越高，他没路走了，就想朝西边冲出去。那时候天快黑了，等敌人离我不远的时候，我对着敌人就是一枪。这一枪一下子把敌人给打乱套了，他没想到这边有埋伏。四连趁机攻了上来，解决了这伙敌人，缴获了大批武器和物资。

根据地比自己家还亲

在根据地里，在沂水那些地方，真是感觉比到了自己家还亲。当兵的衣裳脱了以后，都是“识字班”给洗。老百姓还经常给我们改善生活，有时候还给包个水饺什么的。

* 老大娘给战士补衣服

得道多助，失道寡助，咱共产党的队伍最懂这个道理。百姓有什么活儿，部队都是抢着给他干，帮着拉犁，帮着秋种。在根据地里，军民团结就和一个人一样。想想要是没有群众的拥护，这个仗你能打吗，支前老百姓的小车车轮滚滚，可不是吹嘘出来，千军万马的吃穿用哪样不都是老百姓承担着。没有融洽的军民关系也就没有今天的胜利成果。

为打鬼子忙支前

——抗战红嫂篇

跑遍几十个村发动支前

口述 / 李桂芳

~人物小传~

李桂芳，1925 年出生，临沂市沂南县南岩路村人，14 岁任村妇救会长。解放战争时期“火线桥”的故事就发生李桂芳她们身上。革命胜利后，李桂芳成了沂南县妇联第一任会长，1984 年，她从临沂地区民政局副局长职位上退休。1992 年 3 月，李桂芳被省妇联、省民政厅和省军区政治部评为“山东红嫂”，同时被授予“三八红旗手”称号。2015 年作为支前模范代表应邀参加了纪念抗战胜利 70 周年“9·3”大阅兵。

* 李桂芳

我出生在一个贫苦农民家庭，兄妹四人，一家人靠父亲和母亲给地主家做工为生。后来家里实在没有能力养活这么多孩子就把我送给了一个亲戚。

村里来了革命队伍

11 岁这年，我又被家里领回来，母亲让我到地主家看孩子。看孩子可不容易，白天看孩子整天都得背着，晚上还要守在孩子身边，只要孩子一哭我就得挨训。

那一年应该是 1938 年，村来了革命队伍“抗日工作委员会”。我那时候好奇啊，就背着孩子跟在队伍后边看。他们待我很热情，以后我就经常去玩。去得多了，我给看孩子的那家地主吓唬我，不让我去，说“抗委会”的人白天是人，晚上就会变成张着血盆大嘴的妖精。可我当时觉得“抗委会”的人都这么好，不可能是妖怪啊！我胆子大，就偷偷地在晚上去看，发现并不是地主说的那样。我就像以前一样，整天去“抗委会”大院玩。

我当了村妇救会长

1939 年，在“抗委会”动员下，我还上了夜校，听到了人人平等、没有贫富贵贱之分这些话，知道了共产党是为了穷人。秋天“抗委会”在我们村成立妇救会的时候，我就当了妇救会长，当时我才 14 岁。

沂南当时是沂蒙根据地的核心。那时候男劳力都跟随部队走了，除了去当兵，就是去抬担架、送公粮、运军火……后方剩下清一色的妇女老人和小孩。没有男劳力，妇救会就担当起全部工作，只要是前方需要的东西，我们后方就是不吃不喝也要供应上，种地打粮食，纺线织布做军装，保证部队能吃上饭，还要冬有棉夏有单。如果有部队经过这里，我就和村里妇女同志白天忙着为战士们张罗住宿的地方，协调提供干粮。晚上，趁战士们休息我们妇女同志便帮战士们拆洗衣服。当晚洗的衣服不能当晚晾干，我们就生起火烤干衣服。第二天，当战士们看到衣服被洗得干干净净，特别感谢我们这些妇女同志。

有一次，上级交给我一项任务。当时被服厂驻扎在离我家十多里的夏庄，我的任务就是到夏庄一带发动妇女缝军装、纳鞋底、磨小麦、烙煎饼，拥军支前。这段时间我跑遍了夏庄附近几十个村庄，走街串户动员大家拥军支前，然后将支前的被服、粮食收集起来组织人统一送到部队。

1942 年，日本鬼子“大扫荡”，咱部队的伤亡人员越来越多。当时有三个医院在沂南，一个医院在沂水，伤员多，医院不够用，老百姓就说，不要紧，只要是打日本鬼子、打胜仗消灭敌人，伤号再多咱也有办法，医院不够用咱就把每个村都变成医院，家家户户都是病房，人人都是护理员，这不就解决了吗。沂南北山有个叫老猫窝的庄，才十来户人家，这十来户人家硬是咬紧牙掩护了 27 个伤员。

得了个“李大胆”称号

1941年,我被安排到山东军区第二野战医院当看护员。当时医院将拔麻村(现沂南县内)西南方向一间看瓜的屋当临时太平间，上级派我看守。当时鬼子在附近有很多据点，经常出来“扫荡”，晚上为了不让鬼子发现，我连灯都不敢点。最初，我守着战友们的遗体心里很害怕，但是转念一想，这些都是烈士，是为了保卫国家、打鬼子牺牲的，我应该好好守护他们。想到这些，我就不害怕了。

看战友遗体期间，有天夜里雷电交加，天上的闪一亮，我看到门外来了两只狼。我想，这两只恶狼肯定是闻到战友遗体的气味过来的。我就把床横在门口挡着，不让狼进来。我靠在床后边紧紧抱着床腿一夜没敢合眼。因为这事，我也得了个“李大胆”的外号。

*纺线织布

“大扫荡”时，还有一些伤员逃不出去，躲在山洞里没饭吃。我就去要饭给他们送去。为了活动方便，我还剃了光头，装成小男孩,穿着对襟袄，束着猪毛绳，戴着个毡帽头。这样敌人就不注意了。要了饭给那伤号送去，他们就说，小兄弟，你哪里弄来的(吃的)。我就说我去庄里找的，您吃得饱饱的，俺供给你好好的，快点养好了伤，再回前方打鬼子。

鬼子三次追捕吓不倒我

口述／朱立英

~人物小传~

*朱立英举起右手，重温1944年入党时的誓言

朱立英，1929年10月出生，临沂市沂南县河阳朱家井子村人。1944年，任村识字班班长，当年成为中共党员，开展党的地下工作。1946年，任朱家井子村女村长，组织广大妇女拥军支前。1948年，任沂东县河阳区委宣传干事。1951年，调至莒县民政科工作。1962年调至临沂地区外贸局。1987年从临沂地区机械进出口公司离休。虽然已是86岁高龄，朱立英对自己当年的经历仍历历在目，说起日军的暴行，她依然充满了仇恨之情。而畅谈起今日的生活，则充满了期待，反复叮嘱说，现在的美好生活来之不易，年轻一代一定要好好学习、工作。“过去成千上万的人参加抗战，牺牲了那么多人，我做的这点工作算不了什么……”朱立英常说。

1938年，鬼子就来到了沂南县。在我老家朱家井子村村南3华里、村北5华里的地方鬼子都建了据点。由于离俺村近，加上当时村里有共产党活动，鬼子就隔三岔五来“扫荡”，老百姓可就遭了殃。

至今我还记得鬼子第一次进村“扫荡”。当时我还小，在巷子里玩，就遇到鬼子。一个鬼子扛着长枪，伸出拇指食指比画着，问我八路在哪里，我当时吓得啥也不会说了，只一个劲地摇头。记得后来鬼子就开始抓人，没来得及出去躲的青壮年被见一个抓一个，一些年轻妇女也被抓去了。后来听大人讲，被抓去的青壮年劳力被鬼子逼着做劳工、建工事，妇女就被糟蹋了。

我当上儿童团团长

再早的时候，我还不知道什么是“八路”，就经常听大人讲“八路是打鬼子的”，和村里那些做地下工作的人是一伙的。村里做地下工作的人我知道，他们经常组织开群众会，宣传打鬼子。慢慢地我接受了不少革命思想，村里成立儿童团，我还成了团长。儿童团的任务就是听大人的安排，每天到庄外隐蔽着，盯着远处，站岗放哨。咱当时是初生牛犊不怕虎，也不知道害怕，只要远远发现鬼子来“扫荡”，马上跑回村里报信，让村里的老百姓和党员及时躲避。

> **★沂蒙儿童团**
>
> 儿童团是指新中国成立前中国共产党在革命根据地建立的少年儿童组织。在抗日战争和解放战争时期，沂蒙山区也成立了相应的儿童团。他们利用自己年纪小、不易被注意的特点，在学习、生产的同时，担负着“宣传抗日”“侦察敌情捉汉奸”“站岗放哨送信”等任务，为战争的胜利做出了应有的贡献。

有一天，我们儿童团员在庄外站岗，就看到有鬼子来了。我让几个儿童团员继续观察，另外几个赶快回去报信。等鬼子到了庄里，开会的干部已经撤离了。其中有一个干部就藏在我旁边的一堆柴草里。鬼子端着刺刀走过来，眼看要往草垛里扎，我忙指着前边说：“八路往那边去了。”鬼子认为小孩不会说谎，奔着我指的方向就追去。后来，躲在柴草垛里的干部连连夸我说：“这孩子不简单！”

我不怕死，我想当共产党员

1944年，我担任了村“识字班”班长，经常组织“识字班”队员唱“共产党、毛主席是大救星……”大家唱共产党好，但那时候还真不知道谁是共产党员。那年春天的一个晚上，村里的朱立春把我叫到一间空房子里，问我想当共产党员吗？我张口就回答“想”。记得朱立春的神情就严肃起来，他说：“想当共产党员，得不怕死。就是被敌人杀头，也不能暴露党组织。你怕吗？我干脆地回答：“不怕！”这天晚上，我在床上翻来覆去睡不着，心里满是激动，暗下决心从今我要听党的，党让我干什么我就干什么……

三个月后，河阳区委来了两个人，屋里点着一盏煤油灯，我面对党旗，郑重宣誓，这样我就加入中国共产党。后来我还被选进村党支部，进党支部后我才知道朱立春是村支书，才知道村里有哪些人是党员，原来我父亲也早已是党员。

鬼子三次抓我都没成功

入党以后，朱立春安排我负责送情报。一来二去，汉奸就知道我是党员了，鬼子汉奸前后三次到村里捉拿我，结果都没成功。

* 年轻时的朱立英

第一次在夏天，鬼子到村里“扫荡”，喊话说要活捉我。老百姓纷纷逃出村子到沂河西岸根据地躲避，我和一个叫尹作兰的女干部也撒腿往河边跑，准备过河，就听到身后鬼子的子弹“嗖嗖嗖”地打过来，在河面上打出一片片水花。夏天河里的水很大很急，我又不会游泳，就和尹作兰俩人紧紧抱在一起，不管水深水浅猛往前蹚，总算到了河西，躲过一劫。

第二次是这年冬天。这次我没来得及跑出去，就躲到村里一位老大娘家。大娘赶紧给我换上老太太的衣服，又在我脸上抹了几道锅底灰，还给我一个小孩让我抱着。鬼子汉奸踹开门，“哗啦”一下进来一群，都带着枪，上着明晃晃刺刀。一个鬼子将刺刀架到我脖子上，伊里哇啦说着日本话。当时我知道鬼子汉奸要是看出破绽，我肯定会被逮去，要么砍头，要么活埋，手都有些发抖。正在这时，一个汉奸小步跑过来，告诉鬼子说隔壁家院子里有柿子，让过去吃柿子。鬼子们便收了枪离开了。这一次，我险些被祸害。

第三次，我得知鬼子又来“扫荡”，提前去了河西根据地。隔了没几天，母亲过河来到根据地找我，两条腿都被冰凌子戳破了。母亲告诉我说你爹叫鬼子抓去了，如果我不回去就要杀了我父亲，还要把人头挂起来示众。这一回把我吓坏了，我兄弟姊妹五个，牺牲我一人不要紧，如果父亲牺牲了，这个家可就没了顶梁柱。我哭喊着要去救父亲，战友们极力阻拦，说去了也是白白牺牲。后来，在根据地特务营的营救下我父亲才安全脱险。

恨鬼子支撑着我努力工作

那些年，即便鬼子汉奸不断扬言要活捉我，我还是坚守在敌占区。每次，村支书朱立春拿到情报后转交给我，我就把衣服撕开口子，将情报藏进去，及时送到河西殷家庄一位姓薛的党员手里。我知道我干的事风险很大，随时都会丢性命，我不是不怕，是对鬼子的恨支撑着我这么做。那时村中不少青壮年被鬼子抓去当壮丁，很多就死在那里；邻村有女干部被鬼子逮去后轮奸，惨不忍睹；我本家的姑姑被抓去，因为反抗，被用手榴弹打得全身青紫，差点没了命……

一天，我去根据地汇报工作，路上又看到了鬼子的飞机，赶忙躲到路旁的土沟里。敌机一个俯冲，“啪啪啪”，一梭子子弹就扫射下来，一个正在路上推着木轮车去交公粮的男人，一头就栽到地上，血流了一摊。那个时候我对鬼子恨极了，真希望自己有杆枪，能把飞机给打下来，把飞机里的鬼子打死。

除了做情报工作，有几次我和民兵晚上还摸进鬼子的据点，逮出几个汉奸押送到根据地。在被教育后，有好几个汉奸还被感化了。1945 年冬，我还发展了朱希梅入党，像当年村支书发展我一样，郑重地与朱希梅谈话，并告诫她牢记“要为党奋斗一辈子，不仅要解放全中国，还要解放全人类……”

嫁给打鬼子的战士俺自豪

口述 / 王培瑞

~人物小传~

* 王培瑞和丈夫王济海

王培瑞，1932年出生，祖籍安丘市。历任安丘市葛布口农业社副社长，王家庄乡党委委员。1956年至1979年随军，1979年至1994年在费县饮食服务公司工作，1994年退休。王培瑞的丈夫王济海，1945年入伍，两次参加对日军的正面交锋战，在部队上历任排长、指导员、团政委等职，曾先后荣立二等功、三等功、四等功。正是当年打鬼子的经历让王培瑞敬重王济海，走到一起组建了家庭，一路携手走过了60年。

我老家在葛布口村（现属安丘市石埠子镇），老伴王济海老家是石东召忽村，两个村相距很近。我今年83岁，老伴今年87岁。

亲眼看到鬼子的暴行

先讲讲我的经历。葛布口村有条大道，潍坊一带据点的鬼子出来“扫荡”

都走这条大道。听说鬼子要出来“扫荡”，村里人都提前出去躲避。那时候鬼子“扫荡”时走哪个庄就把哪个庄烧了，把老百姓的门卸下来，把鸡逮走，鬼子就这么坏。

有一次太阳快要下山了来个鬼子。那时候我还小，我们都躲到村外麦地里，记得当时小麦刚长麦穗。刚藏好，一个民兵扛着枪跑过来，通知我们躲得再远点。没有十几分钟，鬼子就过来了。前边三匹马并排着走，骑马的鬼子都戴着眼镜、带着大长刀，后面跟着一群鬼子。

那天正好有13个从潍坊过来的生意人，推着小木车，车上推着谷子、芝麻、高粱，还有一些日用品。那时候我的堂兄王孟方就在这群车队里拉车。看到车队，鬼子就去抓推车的人，用刺刀穿死了三个人，都扔到河里去，把粮食也抢走了。我的堂兄腿脚利索，远远瞅到鬼子时就跑了，这才没被鬼子抓到。

我亲眼见证了鬼子这些暴行，对鬼子恨之入骨，那时候我就觉得谁敢打鬼子谁就是最值得尊敬的人。

前方打鬼子后方忙支前

部队在前方打仗，我们下面庄里的干部就开会动员支前。干部说，前方战士都在打鬼子，他们脚上穿着草鞋，脚硌得生疼，都用布带子绑着，这样怎么打仗？要多给部队做鞋。我那时候小，不会做，就帮着大人搓麻绳、纺线、整理布。我们村83户人家，大概四五百口人，满16周岁的“识字班”都要做鞋。我母亲是庄里的干部，领了任务就带回家去，一家人一起做。来的任务一般都是一个星期做完，做完后赶快往上交，村里统一收上去，马上往前方送，交给部队。

动员老百姓交粮食时，村里干部就说，前方战士在拼刺刀，饿了就是一口炒面、一块咸菜、一口雪蛋子，部队在前方这么苦，咱们得把粮食给供应上。老百姓就把麦子淘淘，磨好炒好，一家三斤炒面，一家切三斤咸菜晒干，家家凑起来，组织运粮队往前方送。我三叔那时候五十多岁了，都是他推着车我们给拉着去送公粮，支援部队抗日。

嫁给抗日战士俺自豪

1945年我老伴王济海在安丘县大队当通信兵。1月，他们与鬼子在石埠子马头山打了一仗。当时县大队的人驻在马头山，结果被“扫荡”的鬼子发现包围起来，我老伴在这场突围战中右腿负伤。

1945年鬼子快要投降前，安丘县大队集合了所有武器，猛攻庵上村鬼子据点，最后硬是将鬼子赶出据点。鬼子跑，他们就追着打，一直追到了潍坊。从潍坊打着打着又追到安丘。后来越来越多的部队都赶到安丘一块打。在安丘，咱这边牺牲了很多人，鬼子被打死好多。

1952年10月，老伴所在的第20军从朝鲜战场上回国，部队驻在浙江湖州。经人介绍，先是看了彼此照片，之后我去了浙江，于1956年在杭州和他结了婚。我俩一方面是老乡，一方面都经历过抗日战争，我敬重他，我认为嫁给打鬼子的战士很自豪。

三天赶做一双军鞋

口述 / 杨希月

~人物小传~

杨希月，1921 年出生，临沂市沂南县砖埠镇尤家埠子人，抗日战争期间任该村妇女主任，积极组织全村妇女拥军支前。抗战时期，沂蒙男子参军上前线，农业生产、照顾家庭都落在妇女身上，成为支撑其家庭的半边天。同时，她们还积极投身到支前、拥军中，为抗日战士做军鞋、缝军装，照顾烈军属等。从一定意义上说，无数像杨希月那样的妇女，撑起沂蒙抗战的半边天。

* 杨希月向年轻人讲述当年拥军支前的故事

抗战时期，我在村里当妇女主任。当时全村接近一千口子人。从 1938 年鬼子占领临沂到 1945 年解放临沂，俺这个村不少人参军当八路，没去当兵的也都参加了支前队伍。

让老人和军烈属感到温暖

我 19 岁与同村的张玉祥结婚，他当时参加了民兵队，抬过担架，打过鬼子，为部队送过给养。村里男劳力参军的参军，支前的支前，基本就剩下老幼和妇女。当时俺想，咱是军属，前方拼命打鬼子，俺村里的妇女就要做好后方工作，前后方联手，才能赶走小鬼子。

为了让出门打鬼子的男人们放心，我作为村里的妇女主任，组织全村一百多名妇女，去照顾村里的老人，帮助军烈属砍柴、挑水、推磨，但凡能做的活都尽量帮着去做，让老人、军烈属感受到集体的温暖。

由于我积极参加抗日，1943 年 3 月，村支书马星祥推荐我入了党。

三天赶做一双军鞋

抗战期间，我组织尤家埠子村妇女为八路军做军鞋、缝军装。全村妇女分成六个小组，各组手里的活完工后统一交给我，再由我组织人用扁担、小推车秘密运到八路军的砖埠乡公所（今沂南县砖埠镇）。那时候有民兵队员全程护送，从抗战开始到结束，我们村做的军鞋、军装没有一回被鬼子弄去。

平时，妇女们各自纳鞋底、做鞋面，来了任务的时候，往往是晚上点着煤油灯赶工，平均每位妇女三天就要做出一双军鞋来。为了赶时间，那时候俺这些妇女们经常忙到一天只吃一顿饭。上级运到村里的半成品军装，我们妇女也要负责二次加工，一件件缝好，平均每人每天能缝出两件成品。除了衣服、鞋子，子弹包、手榴弹包、粮食包等军用物品，全村妇女个个都会做。

*做军鞋

尤家埠子村西是沂河，距离俺村 11 里的沂河东边的葛沟就设有鬼子的据点。据点也紧靠沂河，西边是一座横桥。这个据点鬼子少汉奸多，轻易不敢出来，到河西“扫荡”也少。这个时期，砖埠、葛沟一带的八路军、民兵很活跃，民兵队还安排人专门埋伏在桥西芦苇荡里，监视着据点鬼子、汉奸的动静。只要他们一出碉堡，民兵队马上就给我们村里通知，及时转移军鞋、军装，帮助村里的军属转移到附近山里躲避。

民兵队伍就在当地活动，我丈夫张玉祥有时隔两三周，有时隔几个月就顺道回家看看，给我说说他们打仗的事。除了打鬼子，还和我讲抬担架转移伤员、护送部队给养什么的，我对前线的事情了解多了，更坚定了做好后方工作的决心。

搓麻绳搓到腿出血

口述／伏广兰

～人物小传～

＊伏广兰

伏广兰，1927年11月出生，1943年加入中国共产党。抗日战争时期，曾任莒南县陈家老窝村妇女主任。她动员和带领村里的妇女编蓑衣、做军鞋、磨面粉、烙煎饼、踊跃支前。因做鞋搓麻绳造成腿部受伤，至今腿上仍留下明显的疤痕。面对如今的幸福生活，伏广兰说自己当年想都没敢想，是共产党让我们吃上了饭，住上了房，有了这么好的待遇，这都是党的恩情。

抗战时期，莒南县是根据地，群众的觉悟高，参加革命积极。我16岁那年就入了党，在俺陈家老窝村做妇女工作。

鬼子派飞机轰炸

那时候，鬼子驻在青岛，动不动就来“扫荡”。每次遇到鬼子“扫荡”，我就带着村里的妇女，和老村长他们一起组织人员转移，我带着一帮，老村长带着一帮，生怕让鬼子发现。那时候村子周围树林也多，容易躲藏，离鬼子近的时候，还能听到鬼子伊里哇啦说话，我们也不敢动。有一次，鬼子到村里挨家抢东西，还把几处柴火堆给点着了，火光冲天，老百姓都跑了，火堆自己烧完才熄灭。

* 民兵埋地雷

后来，我们就埋地雷。有一回，来“扫荡”的鬼子走到一处雷区，一个骑着大马的鬼子被地雷炸上了天，自那以后，鬼子没敢再来陈家老窝。可是鬼子派飞机来轰炸，进行报复。那次来了三架飞机，投了三颗炸弹，全部落到村边一块空地上，幸好一个人也没被炸着。当时一个逃荒到青岛的老乡，听说陈家老窝被鬼子的飞机炸平了，急忙回来看，结果发现村里连个鸡毛都没被炸到。原来，我们的村太小，目标不明显，鬼子的炸弹一下子就撂过了。没有炸到人，还是把我们吓得不轻，鬼子的炸弹太厉害了，震天响。从那时起，只要听到飞机声我就头皮发麻。

搓麻绳搓到小腿生疮

抗战那会，我的主要工作是动员村里的妇女支前。动员支前可不是容易事，刚开始动员，村里的人怕鬼子汉奸报复，都不敢参加。我就照着宣传材料上说的，挨家挨户地告诉他们，谁不往好处想？谁都想过好日子，咱把鬼子打出去，就不用过穷日子了。那些年为了做动员，真是磨破了嘴皮子。直到现在，说多了话我还会头疼，都是当年留下的后遗症。

那个时候拥军支援前线，就是编蓑衣、做军鞋、推面粉、烙煎饼，上级派什么任务我们就做什么。前面打一天仗，我们就得在后方忙活一天。为了赶军鞋，我们五个人一组，一个搓麻绳，两个纳鞋底，两个做鞋帮，一天一夜一个组要做六双鞋。有的时候也把人全部集合起来，晚上做鞋底，白天做鞋帮，然后再集中缝上。

＊伏广兰老人至今仍喜欢做一些农活

我当年负责搓麻绳，由于搓得太多，小腿上皮都搓掉了，都搓出血来，留下了很严重的疮，腿上至今还有疤痕。

那时候，我们自己也没吃的，树叶子树皮都被我们吃光了。麦子和小米磨的面，要送到前方去，我们自己从来不吃。对我们来说，把麦麸掺在一起，磨出来的就是好东西，这些也不是想吃就能吃得到的。

罗生特给我治腿伤

抗战时，我们这里来了位“罗大鼻子”。“罗大鼻子”抢救产妇、治疗重症很有一套，名声很大。部队上都喊他罗生特医生。那时我们这边很穷，病人身上都长了虱子。罗医生看病时，

＊罗生特

没有听诊器就用耳朵贴在病人胸口听。很多次，当他准备听诊时，看到病人胸口有虱子，就用手捉下来捻死，继续用耳朵听，老百姓都很喜欢这个“大鼻子”。

大概是1942年，罗生特医院在我们这边建立，一共两排房子，一百多间，用土打的墙，从河边取来的木材，用草盖的屋顶。从前方抬回来伤员，我就带着识字班的人帮忙，谁家里有大米就叫炒上几把，有养鸡的就叫带上个鸡蛋，给医院的伤员吃。那时条件差，伤员能吃上个鸡蛋就算补充营养了。

有一次我去医院，遇见了罗生特医生，他见我腿上有搓麻绳搓出的疮，就拿一种药水给我涂抹。以后见一次给涂抹一次，没几回，我腿上的伤就好了很多。要不是罗生特医生，估计我现在腿上的疤痕会更大，弄不好还会丢了性命。

★罗生特

1903年生于乌克兰的利沃夫（当时尚属于奥匈帝国领土），犹太人。1923年入维也纳大学医学院，1928年毕业，获医学博士学位。他早年加入奥地利社会民主党。1938年，纳粹德国吞并奥地利后，奥地利的犹太人遭到迫害，1939年罗生特从中国驻维也纳公使馆获得签证，得以逃离奥地利流亡到上海，并在上海租界开设了诊所，因医术高超而小有名气。

在上海，罗生特与共产党员沈其震结识，并要求参加新四军。1941年3月中旬他由中共地下党员护送秘密奔赴苏北。为了防范敌人，掩人耳目，沈其震把雅各布·罗森菲尔德的名字改为罗生特。从此，罗生特的名字在新四军中传开来。1942年，他经钱俊瑞和陈毅介绍加入了中国共产党。

罗生特在新四军中被誉为“大鼻子神医”，经他救治过的共产党高级将领包括罗荣桓、万毅、曾炳华等，陈毅之子陈昊苏也是罗生特接生的。抗日战争胜利后，罗生特被派往东北工作，担任东北野战军一纵卫生部长，在哈尔滨工作了三年，1949年，罗生特决定返回阔别10年的祖国，临行前陈毅亲自为他设宴饯行。11月底，罗生特回到奥地利，与妹妹重逢，并得知母亲已惨死于纳粹集中营。1951年8月，罗生特前往以色列看望定居在那里的弟弟，第二年4月因心肌梗死在以色列去世。他著有《奥地利—中国》一书。在罗生特曾经工作过的山东省莒南县原八路军山东军区机关旧址和哈尔滨犹太新会堂前立有他的塑像，在莒南县和奥地利各有一所以他名字命名的医院。

用花轿送青年参军

口述 / 刘桂臻

~人物小传~

* 刘桂臻

刘桂臻，1940 年加入中国共产党，担任村识字班班长。抗战时期，一方面组织妇女拥军支前，一方面广泛发动群众参军抗战。从 1945 年抗战胜利到 1972 年退休，刘桂臻先后任孙祖区妇联会长、沂水县妇联副主任、临沂护士学校校长、沂南县砖埠区副区长等职。1994 年，老伴去世，几天后，刘桂臻依照老伴遗愿，带着四千元钱来到沂南县委组织部，替老伴交了最后一次党费。在党的十六大召开前夕，刘桂臻老人联合曾经并肩战斗过的几位老人，代表山东“沂蒙红嫂”，手工绣织了一面党旗作为献给党的礼物。在那一天，她们面向党旗合唱了《跟着共产党走》，老人们无不热泪盈眶。在别人的眼里看来，“跟着共产党走”是一句再简单不过的话，对她们来说，却是需要用一生践行的誓言。现在，刘桂臻家里已是四世同堂。在老人的熏陶和感染下，全家有 22 人光荣加入党组织。

“你是灯塔，照耀着黎明前的海洋。你是舵手，掌握着航行的方向……”，这些歌曲，我现在还能唱，一唱起来，就好像又回到过去抗战岁月，那时候的很多事情就一幕幕出现在脑子里。

我选上了“识字班”班长

★识字班

革命战争年代，在沂蒙山老区，因参加识字班学习文化知识的多为年轻妇女，后“识字班”演化为对年轻妇女，尤其是未婚少女的称呼。一般女孩到十五六岁，出嫁之前，就可被称为“识字班”。这种称呼现仍流行于临沂、日照等地。

八路军来之前，我们这里没有识字班。1939年春，八路军干部来村里组织夜校，咱沂蒙人都管它叫“识字班”。当时农村比较封建，女孩子很少到公开的场合去。俺当时不顾家庭的阻拦，参加了夜校学习。通过在夜校里听老师讲革命道理，感觉眼界一下子开阔了。

1940年我17岁，入了党。那年5月，俺被选为村里“识字班”班长。1941年，鬼子“大扫荡”时，八路军就指望老百姓给提供后勤保障。我就带领“识字班”30多名妇女，一边学习，一边为部队碾米、磨面、烙煎饼、做军鞋，支援前线打鬼子。

* 党的十六大召开前夕，刘桂臻等人手绣党旗献给党

那个时候，俺这个偏僻小山庄，老百姓对党的路线方针和抗日政策还没有认识，参战抗日的积极性也不高。我百般思量后，把目光落到了“识字班”妇女身上。我们利用参加文化学习的妇女思想相对开明的优势，组织大家连夜挨家挨户地搞动员，动员青壮年去当兵去打鬼子，有时还跑到田间地头去做宣传。动员成功后，我

们就下保证，帮着给他们家属烙煎饼、缝衣服，帮着他们家属干农活。我动员的一个青年后来牺牲在战场上，他家庭的事情俺是全包了，烙煎饼、刨地、给庄稼逮虫子，这些活我全干。

在俺们心里，参军报国的青年是最值得尊重的人，因为他们要去打仗，为国家抛头颅、洒热血。“识字班”的妇女还抬着花轿送男劳力去当兵。花轿那是新娘子结婚才能坐的，我们就是要让参军的人风风光光的。

深夜成功逃脱包围

有一次为做支前工作，组织安排我在张庄留田村蹲点，住在那里动员群众。下去蹲点的时候，遇有紧急情况，组织上就派人送鸡毛信，告诉蹲点的人麻利地离开那个庄。鸡毛信是一种三角形的信，带着火柴，带个鸡毛翎。我在张庄的留田收到鸡毛信后，已经被敌人包围了。我还怀了孕。房东就把她儿媳妇的头发剪了一缕，叫我窝成假发髻扮老年人，让我快跑。当时和我一块的还有一个识字班班长、一个妇女会长。这个村里的支部书记就说，今晚上我死也要把你们送出去，你别害怕。晚上，他把我们3个人送到河边。过河时，我个子还高点，那个识字班班长和妇女会长都矮，水都没到了她们的脖子。支部书记就用枪挑着两个人，我就抓着他身上的绳子，拼命地过了甘河。

结婚后，我和丈夫孝春田都干革命工作，平时打鬼子、动员群众，还要躲鬼子到处跑，有了孩子后没办法自己照顾，就找了个有奶的妇女，把孩子给她。那时候孩子生下来就给人家，人家也不敢说是给我拉扯的，对外都说是捡的，怕鬼子汉奸知道。十几年过后，俺才和仨孩子团聚。尽管心里头觉得对不住孩子，但那时候就想，孩子没了可以再生，革命事业不能重来。也不只我们这样做，很多的同志都有过这样的经历。

为赶走鬼子再苦再累也值

口述 / 张玉萍

~人物小传~

张玉萍，1921年生，抗日战争时期担任霜沟峪的妇女主任，丈夫是当地的自卫团团长。张玉萍全力支持丈夫组织民兵在外打鬼子的同时，还带动妇女们拥军支前，推磨、打油、送饭、做军衣、救治伤员，甚至不畏艰辛一天徒步走上数十里的山地，尽可能地去动员所有人员拥军抗战。老人一辈子拥军爱军，当年动员大家上阵抗日，后来带头鼓励自己的儿子们当兵报国，三个儿子都当过兵。现在还鼓励孙子们去当兵，有两个孙子、一个重孙当了兵。她希望保家卫国的精神能代代相传，发扬光大。

1942年春，鬼子在沂蒙山疯狂“扫荡”。敌人“扫荡”，咱就忙着作动员，动员更多的青年参加自卫团，反“扫荡”、打游击战。在一次游击中俺丈夫邵长兴带头打死了3个日本鬼子，由于汉奸出卖，在1942年秋俺家被敌人烧了个干净。

鬼子一来就将俺刚秋收完的粮食抢了个精光，剩下的东西不是砸光就是烧光。我和孩子在民兵的掩护下从地下通道逃了出来。自此之后我们发誓，不把小鬼子赶出中国，我们决不罢休。

屋烧光了，粮食没了，俺一家从此过上了流浪生活。那时候为了支持丈夫打鬼子，俺既要照顾孩子还要参加后勤工作。早上砍柴、推磨、做饭，组织妇女大生产、做军鞋、缝制军衣。虽然日子过得艰辛，可是一想到做这些全是为了早一天把鬼子赶出去，过上好日子，就是再苦再累也觉得值。

大雪天抱着孩子动员拥军

1944年冬，那时候抗战就要进入大反攻了，前线需要加大支援。俺儿子当时还不满一岁，我就大雪天抱着孩子从长村走了一夜山路去孔庄，挨家挨户做抗日宣传。在俺的动员下，很多青年加入了八路军，壮大了咱们的队伍。

为了不叫敌军发现，我就趁大雪天的晚上赶路。我是裹过的小脚，走路很慢，加上大雪天路滑，一路上没少摔倒在雪地里。想想革命还没成功，磕倒摔伤还算什么，磕倒了爬起来继续走。

识字班学习到深夜

俺从小没上过一天学，慢慢地俺意识到不学习、不识字，就不能了解上级的文件。俺就动员妇女们晚上跟指导员学习认字。那时候都是用花生油和棉条做油灯，别小看这一盏简单的油灯，有了它为我们照明，我们晚上才能学习。

我们妇女们从一撇一捺学起，每学会一个字，就高兴得不得了。现在生活不一样了，生活条件和那时候相比已经发生了天翻地覆的变化，年轻人一定要好好珍惜现在的学习机会。现在俺眼睛有点花，还是每天都看看报纸了解新闻和党的政策。

后　记

2015年是中国人民抗日战争暨世界反法西斯战争胜利70周年。在伟大的抗日战争中，沂蒙人民与全国人民一道，为抗击侵略、争取中华民族独立与解放做出了巨大牺牲和重要贡献。

为贯彻落实中央、省、市有关部署，深度挖掘沂蒙精神实质，丰富新时期沂蒙精神的内涵，更好地激励全市人民为建设“大美新临沂”、实现“走在前列”宏伟目标而不懈努力，中共临沂市委宣传部、临沂市社科联、中共临沂市委党史研究室、沂蒙晚报社、沂蒙文化学会共同策划了“口述沂蒙抗战历史”系列活动。活动历时4个多月，以抢救历史的态度，走访慰问了百余名曾经参加、亲历和见证过沂蒙抗战的老同志或其亲属、同乡，请他们以口述的形式，回忆和讲述那段血与火的岁月。通过后期整理，将其中的53篇讲述分为“不惧生死保家园——抗日模范村篇”“战场杀敌震敌胆——抗战战士篇”“武装民兵千千万——抗日民兵篇”“特殊斗争战敌顽——‘特殊战场’篇”“军民鱼水情无间——军民关系篇”“为打鬼子忙支前——抗战红嫂篇”六部分，汇集成册，同时对涉及的相关重要战役、重要人物、重大事件等附加知识链接，并插入部分珍贵资料图片。相信本书的编辑出版，既是对这些抗战老人历史回忆的挖掘保存，也是丰富沂蒙抗战历史宣传普及形式的一种新的尝试。

因为采访力量和本书的容量所限，这次活动中还有很多沂蒙抗战老人没有被采访和录入本书，实为一种遗憾。特别随着那些当年抗战老人的年龄不断增大，做好对他们的采访和事迹记录工作变得更加紧迫。在本书整理和编辑出版过程中，已有数位被采访的抗战老人相继去世，“老兵不死，只是淡出”，在此我们向所有抗战老人表示崇高敬意的同时，也希望本书的出版起到抛砖引玉的作用，能有更多的社会力量参与进来，做好对所有抗战老人抗战历史的抢救性挖掘工作。

本书编辑过程中，车少远、张庆举、刘媛媛、齐晓环、房宏奇、张金刚、田象楠、张娟、杨璇、王志浩、张星、闫贵梅、孙明杰、魏青、刘遥、孟君、徐珍、王逸群、赵细溪、尹召功、杨振宇等同志做了大量工作。特别是沂蒙文化学会的采访人员，在长达四个多月的采访中，顶烈日冒酷暑，走遍全市所有县区，并且将对抗战老人的采访与慰问结合起来，为每位抗战老人送上一份爱心，令人感动。同时，本书的出版完全是公益性质，因此在编辑过程中搜集采用了部分网络资料和图片，一并表示感谢。

限于编者水平和采访时一些抗战老人记忆模糊等原因，文中个别地名或人名可能只是读音相近，不能一一考证，在此表示歉意。

编　者

2016 年 9 月